*

모든 것을 다 잃었다고 생각될 때
꼭 해야 할 일 하나를 하고자 하는 마음으로
이 글을 썼습니다.

의료의 일선에서 타인의 생명을 위하여 최선을 다하고
겸손과 검소를 삶의 미덕이라 생각하며 살고 계시는
저의 은인께 이책을 드립니다.

밤이 깊을 수록 별은 더 빛난다

권진오 지음

* **프롤로그**

영혼의 지도와 빛의 노스탤지어

우리는 모두 미완의 탐험가입니다.
눈부신 별빛 아래서,
부서진 언어를 주워 모아
끊임없이 자신을 해석하는 순례자들.

이 글들은 한 인간이 우주의 먼지 속에서
자신의 그림자를 마주한 기록입니다.
진리의 빛을 좇아 허공을 가르던 날들,
죽음의 강을 건너며 주운 돌멩이들,
가난이라는 이름의 거울에 비친 초라한 영혼의 자화상.

어떤 문장은 이성의 칼로 무지를 벗기고,
어떤 단어는 신의 숨결로 상처를 싸맸습니다.
종교적 도그마의 유리창을 깨고,
망각의 강가에서 건진 기억의 파편들.
모두가 한 방향을 가리킵니다. –
'너 자신을 알라'는 고대의 속삭임이
21세기의 전자빛 속에서도 여전히 유효한 이유.

이 책은 신과의 대화이자,
무수한 자아와의 투쟁입니다.
수학적 엄밀성과 신비의 파장이 교차하는 곳,
합리성의 뿌리가 초월을 향해 뻗어가는 지점에서
우리는 비로소 '인간'이라는 미지수를 마주합니다.

독자여,
이 페이지들 사이로 흐르는 빛을 따라가십시오.
그곳에서 만날 상처와 치유, 의심과 확신,
죽음의 씨앗에서 피어나는 생의 꽃들은
당신 자신의 이야기일 것입니다.

이제 시작합니다. –
영원을 향한 유한한 발걸음이
시간의 강을 건너는 소리.

* **목차**

프롤로그 08

1. 나를 지나치는 순간 14
2. 식사 16
3. 영원의 지도 18
4. 우주를 안고 흐르는 상처의 꽃 20
5. 의미의 유전자 22
6. 영원을 삼키는 불꽃 26
7. 사랑은 질서이고 존재입니다 28
8. 지상의 잔영 30
9. 어머니의 국화꽃 32
10. 국화 34
11. 연대는 영생입니다 36
12. 사람이 생령이 되나라 38
13. 그릇 시내가 40
14. 오늘이라는 이름의 별 42
15. 눈 덮인 고요 속의 흔적 44
16. 요양원 46
17. 가난과 무소유 48
18. 발우(鉢盂)에 새긴 영원의 주름 50
19. 생의 서계(緖界) 52

20. 순례의 여정 54
21. 침묵 속의 실재를 만나다 56
22. 어느 수행자 60
23. 비오는 새벽 62
24. 용서 65
25. 빛으로 가는 길 Ⅰ Ⅱ 66
26. 그대의 몽상, 언어의 강을 건너다 71
27. 본향 74
28. 영원법의 노래 76
29. 영혼의 서사 78
30. 빗속의 본질(本質) 80
31. 십자가에 새겨진 자유 82
32. 평온의 자비 84
33. 온기 86
34. 대답 88
35. 새벽 어느 날 90
36. 지금 92
37. 오늘 95
38. 찰나의 빛, 영원을 품다 97
39. 노동: 창조의 숨결과 영원한 협력자의 서사 99
40. 아름다운 생존의 문제 102
41. 체온으로 빚은 별 104
42. 신념 106
43. 질서의 방주: 가을밤의 고백 108

목차 | Ⅱ

44. 진리의 유동성 110
45. 가을의 신성한 서사시 112
46. 허물어진 장막 너머 빛이 오다 114
47. 질그릇에 새긴 새벽의 문장 116
48. 우주의 주석 118
49. 어느 설교자 120
50. 원죄(原罪)의 당도(糖度) 122
51. 끝나지 않는 서고(書庫)의 호흡 124
52. 상처가 비상을 삼키다 126
53. 너희의 불멸을 향한 생명의 항해 128
54. 선물, 영혼의 증여 130
55. 빛을 기다리는 발걸음 132
56. 아리스토텔레스의 실종된 마지막 증명 134
57. 경계의 서 136
58. 이단의 성서 해독의 역설에 관한 변주 138
59. 신화의 잉크가 피로 번지는 시간 141
60. 사랑의 신비 144
61. 포도주 발효 소리 146
62. 무명(無名)의 숨소리: 종교를 넘어선 관계의 시학 148
63. 탐식의 역설 151
64. 상처에 핀 영원의 밀알 153
65. 빈 무덤의 전례의 신비 156
66. 빛의 염색체와 그림자 농사 159
67. 밀알로 피어나는 영원의 빛 163

68. 영원을 품은 밀알 하나 165
69. 영원의 먹물 168
70. 신성의 문법 170
71. 뒷모습의 영광 173
72. 진실한 증언 176
73. 정제 된 지성 180
74. 나도 너를 정죄하지 아니하노라 183
75. 어느 수학자의 서술-신의 필체로 쓴 우주 186
76. 상처의 결정(結晶) 188
77. 낙엽 태우던 어느 날 190
78. 수평선의 환영 같은 영원 192
79. 오직 한 사람의 그리스도인 195
80. 걷는 집, 흐르는 별 198
81. 대림절 201
82. 빛의 분신(分身) 204
83. 숨쉼보다 친밀한 신성(神性)에 대하여 207
84. 불완전의 풍경 210
85. 겨울 신경(神鏡) 213
86. 긴 밤의 묵상 215
87. 생의 마지막 그날을 위해 217

에필로그 220

나를 지나치는 순간

매일의 빛은 창가에 놓인 먼지처럼 익숙하다.
손끝으로 스치는 바람, 발아래 깔린 시간의 조각들. 그러나 어느 날 문득, 내가 나를 지나치는 순간이 있다. 발걸음 속에 묻어나는 공허의 메아리, 숨결 사이로 스며드는 무언가의 존재감. 그것은 일상의 표피를 가르고 내려오는 어떤 침잠이다.

나의 존재는 실로 한 알의 씨앗만 하다. 그러나 그 한 알의 씨앗 속에 우주를 품은 채, 끝없이 스스로를 파고드는 계단을 마주한다. 한 걸음 내딛을 때마다 어둠은 또 다른 빛으로 변주되며, 내 안의 심연은 신의 호흡과 맞닿아 있다. 여기서 종교란 경전이나 의식이 아니다. 오직 깊이의 언어로 쓰인, 고독한 대화의 기록이다.

초월은 먼 하늘에 있지 않다. 나를 바라보는 나의 시선 저편, 투명한 거울 속에서 영원을 흐르는 눈동자가 있다. 나는 나를 넘어 그 눈동자를 마주할 때 비로소 '나'가 된다. 신은 저 너머의 그림자가 아니라, 내가 내 안에서 잃어버린 빛의 이름이다. 부서진 조각들을 주워 모아 올려다보면, 그 안에 온 우주의 파노라마가 숨 쉰다.

종교적 삶은 이렇게 시작된다. 발밑의 땅을 뚫고 내려가, 허공의 뿌리를 만나는 일. 모든 표정을 벗고 나의 무한을 마주하는 고요한 폭풍. 그것은 신을 찾는 길이 아니라, 아버지의 아들로, 자신을 찾아 신의 아들로, 신이 되는 여정이다.

*

식사

경계를 삼키는 성스러운 의식

[혼밥 생일상]

우리의 삶은 한 끼의 식사로 빚어진다. 먹음은 곧 생명을 이어가는 가장 근원적이며 신성한 행위이다. 매일의 밥상 위에 오른 음식은 한때 숨쉬던 생명체들이었다. 곡식은 땅의 기억을 품고 자랐고, 고기는 동물의 몸짓이 얼어붙은 흔적이며, 채소는 햇빛과 물의 대화를 고스란히 간직한 존재이다. 우리는 이들을 입 안으로 가져오는 순간, 그 생명들의 여정을 자신의 혈관 속에 새긴다. 타자의 죽음이 내 살이 되는 이 합일은 단순한 영양 섭취를 넘어, 우주의 순환에 동참하는 종교적 체험이다.

식사는 경계를 허무는 철학이다. 내가 씹는 사과 한 입에는 과수원의 바람과 꿀벌의 노동이 스며들고, 미역국의 국물에는 바다의 깊이와 농부의 땀이 녹아 있다. 이 순간 '나'는 흙, 바람, 태양, 모든 것과 하나가 된다. 다른 생명체들의 흔적들로 재구성된다. 고유한 경계라 믿었던 피부는 사실 수많은 타자들과의 대화로 빚어진 가상의 선에 불과하다. 식탁에 앉아 숟가락을 들 때마다 우리는 유한한 개체라는 환영에서 깨어나, 무수한 생명과 연결된 거대한 그물의 한결에 서 있음을 깨닫는다.

그러므로 매 식사는 성찬이다. 생명을 생명으로 바치는 이 의식은 감사보다 먼저, 경이로움으로 다가온다. 오늘 내 장 속을 흐르게 될 밥알들은 어느 논의 황금빛 물결이었을 것이고, 접시 위 생선은 먼 바다에서 헤엄치던 꿈꾸는 존재였다. 그들이 자신의 이야기를 내게 넘겨주기 위해 스스로를 희생한 자리는 이제 감동의 공간이 된다. 우리는 먹고 먹히는 존재로서의 운명을 나누며, 서로의 몸속에서 영원을 꿈꾼다.

"오늘 우리에게 일용할 양식을 주옵소서"
이 기도는 단순한 청구가 아니라, 생명의 고리 속에 스스로를 내맡기는 겸허한 선언이다. 한 줌의 밥으로 우주를 삼키는 이 기적 앞에 우리는 무릎 꿇고, 입맞춤하듯 입을 벌린다. 모든 죽음이 새 생명으로 승화되는 이 신성한 순간에, 식탁은 가장 아름다운 제단이 된다.

*

영원의 지도

시간은 우주의 매듭을 푸는 은빛 실타래입니다. 인간의 두뇌는 신경세포로 엮인 한 편의 시이며, 과거와 미래가 투명한 거울에 비추는 교차로입니다. 그 표면에 새겨진 상처의 씨앗은 깊은 성찰로 자라나 영혼을 우주의 신비 속으로 이끕니다.

신의 아들로 뿌리내리려 할 때마다 우리는 시간이 굳혀 놓은 아픔의 결정체와 마주합니다.
그 결정체는 프리즘처럼 빛을 굴절시켜 영혼의 암흑을 밝히는 창으로 변합니다. 묵상은 우주를 품고, 참회는 고독한 은하수가 되어 흐릅니다.
과거·현재·미래는 영혼의 거울에 반사된 빛의 파장이자, 신과의 만남으로 녹아드는 상대성의 유희입니다.

당신의 우주는 이미 모든 별의 파편을 품었습니다. 기도는 그 파편들을 영원의 화석으로 빚어 광년을 가로지르는 다리가 됩니다. 이는 단순한 소망이 아니라, 시간의 강을 건너 신과 하나가 되는 신성한 의식입니다.

각자의 의식은 휘어진 시공간의 섬입니다. 그 섬들이 만나 중첩되는 교점에서 새로운 우주가 태어납니다. 두 영혼이 만드는 파동은 시간의 창을 열어젖히며, 신과의 합일이 빚어내는 초월적 순간이 됩니다.

우리는 시공을 가로지르는 여행자입니다. 영원이 흘려보낸 순간들을 주워 담아 무시간의 용광로에서 재탄생합니다. 우리의 존재는 시간의 배이자, 그 갑판에서 발견하는 영원의 조각입니다.

우리의 상처와 발버둥의 흉터들도 밤하늘의 별자리로 승화되고, 그 별빛은 영원의 숨결을 머금고 우리를 무한의 조각으로 빚어냅니다. 아픔은 우주의 수수께끼를 풀 열쇠가 되어, 연민의 언어로 번역됩니다.

그대의 한숨과 눈물, 그대의 묵상과 기도조차도 신과 함께 걷는 춤이 됩니다.
발걸음마다 영원의 지도가 새겨지고, 영혼의 리듬이 우주의 심장박동과 맞닿습니다. 이 춤은 시간을 삼키며 신성의 빛으로 승화합니다.

우주를 안고 흐르는 상처의 꽃

가슴을 도려내는 별빛 —
아린 꿈의 파편에 허덕이다
새벽이 내린 창가에 무거운 눈꺼풀을 뜬다.

—찬바람이 벌레의 합창을 실어 오고
풀잎은 우주의 숨결을 내뱉는 거울이 된다.
살아있음이란 눈뜨는 순간마다 피어나는
상처의 꽃,
흙 속에서도 뿌리를 내리는 생명의 고통.

인간의 숲은 갈피를 잃은 별자리,
부스럭거리는 발걸음마다 미련의 가시밭길.
그래도 밟히는 흙이 포근한 건
살아있다는 증표 — 뜨거운 피가 흐르는 소리.

행복이란 네가 별을 삼킨 후
입가에 남은 은하수의 잔향일지니.

양심이란 수천 개 손길이 만든 강의 노래,
그 소리는 고요하지만 끝없이 흐르는 생명의 메아리.

경외를 잃어버린 종교의 신,
언어로 난도질한 우리의 무지.
일억만 개가 넘는 별이 오천억 번의 인연을 품고
일조 개 은하가 나를 향해 소리친다:
"너의 아픔은 창공을 가르는 유성의 흔적,
슬픔조차 사랑의 중력으로 빚은 별."

숨결로 맺은 우주가 내 귓가에 속삭인다:
"살아남은 자여, 질서의 뿌리가 되어,
이 넓은 허공을 꽃피우라."

아주 작은 눈물도
가장 거대한 별의 탄생을 앓는다.
우린 영원의 리듬을 품은 일시적 신화 —
쓰러지되 녹슬지 않는 칼날이 되어
우리는 영원의 리듬 속에서 다시 일어서리라.

의미의 유전자

세계의 빛을 밖에서 찾지 않는다
내 맥박이 깨우는
손바닥에 핀 지도의 문양
한 발자국마다 새겨지는
자유의 각인이
바닷가의 모래언덕에 별자리를 그릴 때

의미는 빈 항아리에
내가 채운 강물의 속삭임
타인의 해석으로 번역되지 않는
고유한 파장의 언어
눈부신 태양조차
내 망막의 필터를 통과해야만
빛의 자격을 얻는다

호수에 던진 빗방울이
스스로의 둥근 세계를 확장하듯

나의 선택은
공간을 가르는 수평선이 되어
무의미의 벌판에
오아시스의 문법을 새긴다

밤새 창문에 맺힌 이슬방울들이
별들의 신화를 삼키고
아침이 되면 내 숨결에 의해
새로운 이야기로 피어나듯
모든 외부의 현상은
내 신경의 전류를 타고
의미의 씨앗으로 변모한다

"보라, 무지개는
빛의 굴절이 아닌
눈물의 투명한 창이라"
누군가의 정의에 갇히지 않은
순수한 감각의 용광로에서
나는 세계를 주조한다

지구의 자전
심장을(臟)을 박동시키는 자
바람에 실려 온 낙서 사건들

그것을 역사로 엮는 실은
내 손가락에서 뻗어나가는
생각의 섬유

저 멀리 수평선이 흔들릴 때
그건 바다의 분노가 아니라
내 동공의 초점이
새로운 우주를 잉태하는 신호
의미의 유전자는
영원의 복제를 거부하며
이 순간의 변화를
축복한다

"나는
모든 빛의 해석자요
무의미의 최후의 관문이라.
내가 발밑에 떨어뜨린 그림자조차

스스로 태양을 선택하는
이 자유의 광막에서
세계는 비로소
내 이름으로 호흡하기 시작하지 않겠는가.

영원을 삼키는 불꽃

붉은 모래 위에 발자국이 새겨질 때
한 송이 불꽃이 사막의 숨통을 열었다
떨기나무 속에서 영원이 깨어나
시간의 껍질을 벗는 소리

우리는 태초의 그릇에 담긴
빛의 분열, 한 줌의 점토가 되어
역사의 숨결을 삼키며
끊임없이 허물어지는 강을 건넌다

모세의 지팡이 끝에 맺힌 이슬은
모든 이의 손끝으로 흘러내려
약속은 특별함이 아닌
깊은 상처 위에 피는 보편(寶片)이 되고

광야는 신의 호흡으로 부풀어
발밑에서 별을 일으키는 바람

한 알의 모래도 주님의 얼굴을 감추지 않아
우리는 걸으며 불타는 성경을 쓴다

저녁 노을이 메마른 땅을 적시면
시내산 불꽃이 영혼의 그물망을 스치네
모든 선택은 잠들지 않는 강물이 되어
우리 안에 영원을 새기는 목소리

거룩은 타오르는 침묵의 화음(和音)
피와 뼈로 빚은 찬가(讚歌)가
시간의 제단 위에 올려질 때
우리는 처음이자 마지막 찰나(刹那)의 합주(合奏)가 된다

— 영원한 '지금'의 고향에서

사랑은 질서이고 존재입니다.

사랑은 양심을 비추는 빛입니다.
그 빛은 세상을 움직이는 원동력이 되고,
모든 질서의 중심이 됩니다.
사랑은 존재의 본질이며,
그 빛은 만물을 이끌어가는 힘입니다.

어둠 속에 빛이 비추일 때,
우리는 비로소 사랑을 알고 믿게 됩니다.

사랑이 육신을 입고 세상의 질서로 오셨습니다.
사랑은 빛이며, 존재입니다.

태초 전부터 존재했습니다.
존재하는 것은 존재하며,
존재하지 않는 것은 없습니다.
존재는 스스로를 인식합니다.

우리는 질서 속에서 존재의 이유를 발견하며,
혼돈의 한가운데서 질서를 갈망합니다.
이것이 창조의 뜻이며,
사랑이 육신이 되어 우리에게 온 증거입니다.

사랑은 육신을 입고 빛으로 왔고,
그 빛은 질서로 함께 존재의 이유가 됩니다.
이것은 단순한 우연이 아니라,
우주가 스스로를 드러내는 방식입니다.
우리는 그 안에서 비로소 서로를 발견하고,
이해하며, 더 나은 세상을 꿈꾸게 되었습니다.

어둠이 깊을수록 빛은 더욱 밝게 빛나고,
사랑은 우리를 더 높은 차원으로 이끕니다.
이는 단순한 믿음이 아니라,
우주가 우리에게 전하는 영원한 메시지입니다.
우리가 존재로 하나 되는 영원, 그것이 사랑입니다.

지상의 잔영

내 가슴에 새겨진 원죄의 문양,
요단 강물 흘러 창백한 손금이 되고,
에덴의 금단의 열매가 목구멍을 타고
핏물이 되어 흘러내립니다.

심판의 칼날은 나의 상처에 비친 거울로 얼룩지고,
용서의 뿌리는 지각 깊숙이 박혀
신의 눈동자에 비친 나는,
심판과 참회라는 천상의 법정에 섰습니다.

내 자책의 순간들이 호흡이 되고,
내 죄의 탑은 그의 발뒤꿈치에 밟히며
피로 쓴 십자가, 언약의 눈물로
나의 죄는 씻겨집니다.

알파와 오메가, 빛의 찬란함이여,
코 끝에 불어넣은 생령,
못 박힌 손, 피 흘린 자리 그 길 따라
길 잃은 자식들의 이정표 되고

천상의 맥박으로 변주되는 밤이여,
우리 영혼에 깊이 새겨지리다.

어머니의 국화꽃

가을이 깊어갈수록 창가에 핀 노란 국화꽃은 어머니의 손길처럼 부드럽게 내려앉는다. 꽃잎 하나하나에 스민 향기는 묵은 달력 속에서도 변치 않을 그윽함으로, 마치 어머니가 남긴 기도의 흔적 같다. 서릿발이 내린 아침, 국화는 차가운 바람을 견디며 고개를 들고 선다. 그것은 어머니가 삶의 가시밭길에서도 굽히지 않았던 허리와 닮았다. 그 향기는 먼 산등성이에서도, 강가에 부는 바람 속에서도 흐르듯 이어져, 마치 천국의 문턱을 스치는 빛처럼 느껴진다.

어머니는 국화꽃을 좋아하셨다. "국화꽃은 흙 속에서도 뿌리를 내리며 겨울을 준비한단다." 그 말씀처럼, 그분은 가난한 삶 속에서도 작은 화분에 꽃을 피우시며, 우풍이 심한 창문 틈새를 막아 가며 정성스레 아침마다 물을 주셨다. 지금 그 꽃은 여전한 향기로 내 기억 한자리에 항상 피어 있다. 마치 그분이 천국에서도 나를 위해 기도하시는 듯, 은은하게 코끝을 스친다.

천국은 분명 그리 멀지 않을 것이다. 어머니가 걸어가신 길을 따라가면, 들국화로 수놓인 언덕 위에서 그분이 손을 내밀어 줄 테니. 내가 힘들어할 때면 눈을 감는다. 어머니의 손길이 작은 화분의 꽃그늘처럼 은은하게 감싸주는 듯하다. 노란 꽃잎 사이로 비치는 햇살처럼 어머니의 미소가 선하다. "곧 갈게요," 속삭이면 국화 향기가 대답하듯 창밖으로 기억을 따라 흩날린다.

나는 오늘도 어머니의 넉넉한 기도로 살아간다. 그분이 심은 꽃처럼, 추운 계절을 이겨내고 봄을 기다리듯. 찬바람에 몸을 떨며 피어난 들국화 한 송이가 외로움을 견디는 법을 가르쳐 주었다. 어머니의 기도는 이제 내게로 와, 삶의 틈새에 스며든다. 꽃잎이 지고 다시 피어나듯, 우리의 만남도 영원히 되풀이될 것이라 믿는다. 천국의 문턱에선 그 손을 잡고 향기로운 길을 걸을 날을 기다린다.

"가을이 오면 국화꽃은 말없이 피어나고, 어머니의 기도는 흙 속 뿌리처럼 내 영혼을 지킨다."

국화

국화…천국도 그렇게 아름답고 향기롭나요?
곧 가서 그리운 어머니 손잡고 거닐어야겠어요.

당신의 넉넉한 기도로
내 여기 사는 동안 화창한
들의 꽃과 같이 포근하고 평화롭습니다.

국화…천국도 그렇게 아름답고 향기롭나요?
곧 가서 그리운 어머니 손잡고 거닐어야겠어요.

당신의 넉넉한 기도로 걷는 시간,
길도 분간됩니다.
미움도 침묵시키는 기대는
성취로 다가오고
생은 투쟁이 되어 공감의 여정으로
다가옵니다.

국화 향기가 창밖으로 흩날릴 때, 어머니의 미소는 성큼 내게 와 있답니다.

연대는 영생입니다

부산한 하루하루가 길게 늘어져 수고의 짐들로 채워져 있지만, 잠깐의 쉼마저도 애잔합니다.
미세한 존재들로 이루어진 우리의 생은 참으로 허무롭고 덧없어 보입니다.

그러나 우리의 지극한 위로는 신앙이나 욕망이 아닌, 바로 우리의 간절한 기도와 연대에서 비롯됩니다.
연대는 지혜로운 이들이 사랑의 절정으로 이루어낸, 신이 부여한 힘입니다.
비록 처절한 고통과 시련이 닥쳐도, 우리는 낙심하지 않습니다.
왜냐하면 우리의 삶은 아버지와 어머니로 이어지는 고귀한 유산이기 때문입니다.

아버지의 아버지, 그리고 그 아버지,
어머니의 어머니, 그리고 그 어머니,
이렇게 이어져 온 우리의 뿌리는 시간을 초월합니다. 하나로 연결되어 있습니다.
우리 아버지, 창조주여,

우리 영혼에 청량함을 내려주소서.
우리의 연대는 단순한 유대를 넘어 영생으로 이어지는 신성한 끈입니다.

이 연대는 개인의 생을 초월하여, 과거와 현재, 미래를 잇는 철학적 깊이를 지닙니다.
우리는 단순히 현재를 살아가는 존재가 아니라, 과거의 지혜와 미래의 희망을 동시에 품고 있는 시간의 여행자입니다.
우리 삶은 유한하지만, 연대를 통해 우리는 영생의 의미를 깨닫습니다.
이는 단순한 생물학적 연속이 아니라, 정신적, 영적 유산의 계승입니다.

연대는 우리에게 고통을 이겨내는 힘을 주고, 서로를 향한 사랑과 공감의 끈을 더욱 단단히 합니다.
이것이 바로 우리가 처절한 현실 속에서도 희망을 품는 이유입니다. 잃지 않는 이유입니다.
우리의 연대는 영원히 이어질 생명의 강이며, 그 속에서 우리는 진정한 자유와 평화를 찾습니다.

그러므로 우리는 오늘도 서로를 향해 손을 내밀고, 마음을 열어야 합니다.
연대는 우리를 영생으로 이끄는 길이자, 우리가 이 세상에 남기는 가장 아름다운 유산이기 때문입니다.

사람이 생령이 되니라

입술이 갈라진 흙의 시편(詩篇)을 더듬을 때
향로(香爐) 속 성령(聖靈)이 안개로 흩어지네
십억 개 강줄기 같은 모세의 손가락 끝에서
가나안 뼈마디마다 스며든
금 간 계명(誡命)의 이슬

자유주의 정원사가 가위로 다듬은
장미 가시 속 이기(利己)가 피를 흘리는 밤
시장(市場)의 천칭은
철학자의 이마에 맺힌 진주를 저울추로 달아
양심을 반값 흥정에 내던진다.

영혼이 침묵의 종을 삼켜 위장(胃腸)에서
위선(僞善)의 산소(酸素)가 거품을 일으킬 때
소금으로 각인된 기도(祈禱)가
간문맥(肝門脈)을 타고 흐르며
신장(腎臟)의 모래언덕에 야자수의 그늘을 새기고

두 개의 끝이 서로를 잡아먹는 지평선
하나는 소돔 불꽃에 빚은 유리병 속
백의(白衣)의 증류수(蒸溜水)
다른 하나는 칠천 개 별빛으로 데운
무명의 체온이 밤새 융단(絨毯)을 짜내린다.

바알의 제단에 무릎 꿇지 않은 화석(化石) 가루가
역사(歷史)의 어금니를 갈아
신(神)의 혀끝에서 쓴맛을 번역(飜譯)할 때
십자가 형상(形狀)의 효소(酵素)가
우주(宇宙)의 식도(食道)를 타고 내려와
심연(深淵)의 위액(胃液)에 녹아드는 소리

허파동(肺洞)에 갇힌 메시아의 숨결이
산소 분자(分子)마다 오복음(五福音)을 새기는 새벽
모든 숨소리는 창세의 생령
진흙 입자를 배반(背反)한 채
에덴 동쪽 강가에서 부서졌다 밀려오는
생명(生命)의 파도 경계선(境界線)

창세기 2:7
"여호와 하나님이 땅의 흙으로 사람을 지으시고 생기를 그 코에 불어넣으시니 사람이 생령이 되니라"

그릿 시내가

그릿 시냇가로 내려가서
까마귀의 공급,
생명의 물을 마십니다.

생명의 물은 약속이고 영원입니다.

나로 돌아오십시오.
그곳에서 본래의 나를 만납니다.

존재하는 나의 바닥,
그릿 시냇가.

창조된 생명, 나로
우주의 나를 만납니다.

참입니다.

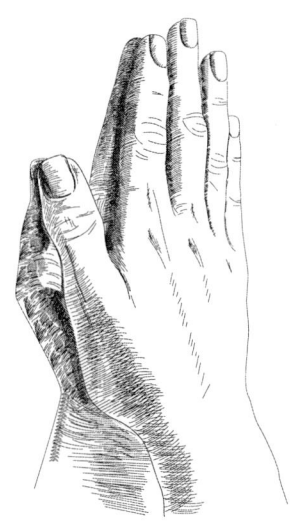

오늘이라는 이름의 별

문을 열면
수많은 발자국 소리가
깨진 거울 되어 목소리를 잃는다.
시간은 휘어진 창살 틈으로
얼굴 없이 스며든다.

겨울 나무가 뿌리 깊이 내리듯
주름은 내 발밑에 고여
한 줄기 강이 되었다.
흐르는 것들만이 나를 부르는 이름인 듯.
오늘의 돌멩이를 간직합니다.
그 돌멩이는 어제의 상처를 품고 있지만,
내일의 빛을 기다리는 씨앗이기도 합니다.

밤이 오기 전, 내 그림자에게 말을 걸자.
단 한 번도 다시 피지 않을 꽃처럼,
지금 이 빛을 가득 채워 갈 것이라고.

단숨에 멈춘 시간들 사이로
오늘이라는 이름의 별이
어깨 위에 내려앉습니다.

그 별은 어제의 눈물과 내일의 꿈을 모두 품고
지금 이 순간을 비춥니다.
나는 그 빛 속에서
오늘의 돌멩이를 간직하며
한 걸음 한 걸음 나아갑니다.

눈 덮인 고요 속의 흔적

우리가 태어난 곳에 눈이 내리고 있다. 하얀 눈송이들이 조용히 내려앉는 이곳은 세상의 소란으로부터 벗어나 고요함을 허락하는 한적한 자연의 품이다. 나무들은 눈 덮인 가지로 조용히 서 있고, 바람도 잠잠해 마치 시간이 멈춘 듯 고요하다. 이곳은 침묵이 말을 대신하고, 고요가 마음을 어루만지는 공간이다.

그러나 이 고요 속에도 우리 아버지들의 삶은 고독과 가난의 흔적을 고스란히 간직하고 있다.
그들은 고된 삶의 무게를 짊어지며 고독과 싸웠고, 가난의 굴레 속에서도 꿋꿋이 버텨냈다. 그들의 발자취는 이 땅에 깊이 새겨져 지금의 우리에게도 여전히 울림을 준다. 그들의 몸부림은 단순한 가난을 넘어 삶의 무게를 견뎌내는 인간의 존엄성을 보여준다.

눈이 내리는 이 고요한 풍경 속에서 나는 그들의 흔적을 떠올린다. 고독과 가난이 그들을 짓누르던 시대를 생각하며, 그럼에도 불구하고 꿋꿋이 살아낸 그들의 모습에 경의를 표한다.

이 순간,
눈 덮인 풍경 속에서도 아버지들의 고독은 여전히 느껴진다.

우리는 아버지의 이야기를 기록하고, 그들의 꿈을 이어가야 한다.
사랑을 끌어안은 인내는
눈 덮인 풍경 속에서 그들의 흔적을 남기고, 미래의 우리의 유산으로 남을 것이다.

요양원

이곳에 오면
새김질한 잔더리로 묻힌
감정들을 꺼내 놓는다.

가족들도 알아보지 못하는
우리 어머니께서
어디로부터 상기해 내셨는지
마주친 얼굴에 미소로 불러 주시면

이입된 감정을
담담히 아랑곳하고 벅차오른다.

막 이곳에 오게 된 어머니는 집에 가고 싶다고
우신다.
뜨문뜨문 훔쳐보는 기억들로
집에 가실 수 없다.

팔순을 넘어 굳건히 살아낸 인생,
자식들을 깔끔히 길러내신 고귀함도
삶의 마지막 자리,
모두에게 불편함보다 상처이기에
이곳에 오셨으리라.

날들 속으로 한참을 걸어오신
나의 아버지, 어머니들이여,
꽉 막힌 유념과 육체여,
우리 모두 들어설 천국의 문 앞일 뿐이랍니다.

덜 부러진 그대의 날들,
차곡차곡 형용할 수 없는 아름다움으로 세세히 점철해 놓은 길 따라
저도 뒤따라 가겠습니다.

PS.
10년간 알츠하이머 병으로 누워 계신 할머니를
아버지께서는 홀로 보살피시고 하늘문을 넘게 하셨다.

세월의 점점이 이제는 잠깐씩 기억을 놓으시는 아버지의 모습이 안타깝다.
생의 갈무리가 되어 채운 오늘 우리의 하루가 아름다이 저물기를 나는 기도한다.

우리의 아버지 어머니들은 미련 없이 가는 생도 사랑으로 다 태워지셨으리라.
사랑해요, 아버지. 감사합니다.

가난과 무소유

가난을 두려워하듯, 나는 초라한 모습을 드러내고 싶지 않았다. 그것은 마치 가난의 두려움이 나를 옥죄는 것처럼 느껴졌기 때문이다. 그러나 그 속에서 나는 나만의 빛을 발견했다. 그 빛은 나를 더욱 나답게 만드는 힘이 되었다.

나는 초라함을 숨기려 애썼지만, 그 속에서도 나만의 가치를 지키려는 의지가 있었다. 가난이 삶을 단순하게 만들고, 그 단순함 속에서 진정한 가치를 발견할 수 있듯이, 나의 초라함도 나를 더욱 진실하게 만드는 과정이었다. 두려움을 안고도 나아가는 용기, 그것이 나를 더욱 나답게 할 것임을 깨달았다.

가난은 무소유보다 위대하다. 그것은 아무것도 없는 상태가 아니라, 오히려 가진 것 없이도 삶을 견뎌내는 힘을 의미한다. 나의 초라함도 마찬가지다. 그것은 나의 약점이 아니라, 나를 더욱 단단하게 만드는 힘이 되었다. 가난이 삶을 단순하게 만든다면, 초라함은 나를 더욱 진실하게 만드는 과정이다.

나는 이제 초라함을 두려워하지 않는다. 그것은 나를 더욱 진실하게 만드는 나만의 방식이기 때문이다. 나는 가난 속에서도, 초라함 속에서도 나만의 빛을 찾아낼 수 있었다. 그 빛은 나를 더욱 단단하게 만들고, 나만의 길을 걸어가게 한다.

발우(鉢盂)에 새긴 영원의 주름

첫 번째 문턱에서 빈 손이 울린다
돌아선 등짐에 달빛이 스민 자리
공양그릇 속에 담긴 칠중천(七重天)의 침묵
한 알의 쌀이 부서져 허공을 적시네

두 번째 현관에 매달린 그림자들
문틈으로 새어드는 새벽의 경문(經文)
발꿈치에 맺힌 이슬이
땅속 뿌리에게 전하는 화엄(華嚴)의 속삭임

일곱 번째 계단에서 주름진 손바닥
저주의 먼지가 축복의 중의(重衣)를 걸치네
떨어져 나간 흙입자(土粒子)들이
대지의 심장에 박히는 소리 – 아포리아

신발 밑바닥에 붙은 모든 미세한 증오는
역주행하는 은하수가 되어

우주의 목젖에서
끓어오르는 초토화(焦土化) 찬가(讚歌)

타는 모닥불에 던져진 불경(佛經)과
성서(聖書) 페이지 사이로
한 줄기 회색빛 연기가 피어오르니
문둥병자의 지문이 하늘을 쓰다듬는다

알현(謁見)의 자리엔 빵 부스러기 대신
부서진 계율(戒律)이 차려졌도다
목탁 소리와 십자가의 그늘이
한 그릇에 담겨 증발(蒸發)할 때

"저주도 일종의 기도이리라"
먼지 속에서 피어난 무량수(無量壽)의 꽃송이
발우(鉢盂) 바닥에 남은 자국이
영원(永遠)의 혀를 달아
침묵의 미사(彌撒)를 올리네

— 길 잃은 축복의 카타콤에서

《생의 서계(緒界)》
— 죽음의 강을 건너는 자를 위한 연가

햇살이 뼈속까지 스며드는 오후
우린 알게 되었나
모든 호흡은
수정(水晶) 속에 갇힌 안개처럼
한 올 한 올 사그라지는 시간의 흔적

세포들이 포도송이 터지듯 무너질 때
무질서의 바람이 관절을 해체하는 소리
망각의 강가에서 나는 투명한 버들꽃을 발견했다. 그것은 죽음의 아름다움이었다.

아이들의 눈동자에 비친 가을 나무
떨어진 열매 속에서 죽음의 씨앗을 발견할 때
저무는 계절에 초를 켜듯
내일의 그늘을 밝히는 법을 배워가리

의식의 등불로 허공을 그리는 이여
너의 그림자가 지금을 가리킬 때
죽음은 생의 가장자리에 핀
투명한 버들꽃
시간의 숲에서 길을 잃은 자들
망각의 지도를 버리고
서로의 체온으로 좌표를 새기리라

한 점 수은주처럼 떨리는 순간들
그것이 우리가 주워 담을 유일한 별

종교적 도그마는 모래언덕 위 성
파도에 밀려온 편지 조각들
우주의 호흡에 맞춰 흩날리는 신앙의 잔영
오직 손과 손이 만드는 온도만이
영원의 문을 두드리는 열쇠

마지막 숨결이 코끝에 맺히기 전
우린 알게 되리라

사랑은 미완성 편지를 태우는 화로,
후회는 재가 되어 바람에 실려 가도,
언젠가, 지금, 마지막 숨소리라도
우주의 맥박은 사랑의 연속성이라고
우리는 그 맥박 속에서 영원을 찾는다고.

순례의 여정

샘물에 잠긴 노예의 쇠사슬,
그대 순례의 발걸음이
종말 대신 피어난 싹, 영원의 씨앗이 되었다.

헤롯이 칼로 가른 밤,
세례 요한의 피가 별을 적시고
묵시의 북소리는 침묵으로 바뀌었다.

예수의 뒷꿈치,
썩은 상처에 새살을 불러냈으니
갈릴리 먼지 쌓인 발끝에서
악마의 이름이 녹아내린다.

순례는 고통의 씨앗을 품고
타인의 땅에 뿌려지는 것.

사마리아 여인의 찬미는
새 날의 숨결로 마주하고
샘은 여전히 솟아오른다.

영원의 들판은 사랑의 씨앗으로 푸르러지리라.
우리는 그 씨앗을 품고 새로운 세상을 꿈꾸노라.

✳

침묵 속의 실재를 만나다

인간의 언어는 사회적 약속이자 동시에 감옥입니다.
우리가 세상을 규정하는 모든 단어는 태어남과 동시에 본질의 그림자를 잡아 늘어뜨립니다.
언어로 포획된 현실은 실재의 찌꺼기에 불과할지도 모릅니다.
신을 삼위일체로 고백할 수밖에 없는 언어 구사의 한계적 표현의 신학적 체계 역시,
신성을 세 개의 틀에 가둔 인위적 우상이 되게 만들기도 합니다.
개념화된 신은 이미 신이 아닙니다. 인격적 형상으로 굳어 버린 순간, 신은 인간의 인식 지평에 갇힌 대상으로 전락하고 맙니다.

1. 틀을 깨는 침묵의 언어

모든 명명은 이중성의 칼날을 품습니다. '있는 것'과 '없는 것', '긍정'과 '부정'이 교차하는 지점에서 진실은 종종 흔들립니다. 머릿속에 새겨진 예배의 상은 실재가 아니라 거울 속 허상일 뿐입니다. 신을 만나는 길은 개념의 해체에서 시작됩니다. 언어의 잡음을 걷어내고 자연의 침묵에 귀 기울일 때, 비로소 말없는 말이 들립니다. 이는 모든 관계의 오해를 녹이는 고요의 메아리이자, 존재의 원형을 만나는 영적인 체험입니다.

2. 신화 너머의 살아있는 진리

성경의 그리스도는 신의 구원을 노래하는 은유적 증언이기도 합니다. 신학의 본질은 역사적 사실성에 있지 않습니다. 인간이 우주와의 관계 속에서 자신을 해석한 실존의 기록이자, 진리 향한 영혼의 발자국입니다. 교부들이 헬라 철학으로 포장한 교리는 오히려 신성을 도그마라는 감옥에 가둔 쇠사슬이 되었습니다. 예수의 삶은 교리적 완결성이 아니라, '사랑'이라는 살아있는 역설을 보여주는 거울입니다.

3. 우주적 호흡 속으로

종교와 제도는 인간이 만든 사회적 장치입니다. 신이 인간을 창조했다면, 인간 역시 신을 재창조하는 존재이기에 모순에 갇히게 됩니다.
진정한 신앙은 교회의 벽을 넘어 별빛 아래서 숨 쉬는 우주적 호흡입니다. 죽음조차 언어로 포획할 수 없는 이 신비 앞에서, 우리는 오직 감사와 긍정으로 응답할 수 있을 뿐입니다. 역사의 틀 안에서 갈등하는 수많은 '예수들'과 마주하며, 우리는 이미 신성의 딸이자 아들입니다.

4. 탐욕을 넘어선 영적 각성

내세에 대한 탐욕은 신앙을 상품으로 전락시킵니다. 참된 믿음은 교리의 논리를 무색하게 할 때도 있습니다. 눈물과 웃음이 공존하는 현실의 진흙탕에서, 부서진 채로 빛나는 인간성 자체가 성스러운 예배입니다. 마지막 숨결까지 이 순간을 온전히 살아내는 것—그 자체가 가장 신실한 예배일 것입니다.

- 마무리

분열된 언어를 넘어 하나로
우주는 언어 이전의 말로 우리에게 속삭입니다.
신은 분리될 수 없는 하나의 숨결입니다.

신은 일체의 공식이 아니라, 모든 갈등을 품어 안는 사랑의 용광로입니다.
교리의 유리창을 깨어 나오세요. 그곳에는 이미 당신과 신이 하나입니다.
우리는 홀로 존재하지 않습니다. 서로의 상처에 스민 빛이 되어, 이미 영원의 고리로 연결되어 있으니까요.

침묵이 흐르는 대로 걸으세요.
말 없는 진리가 당신을 온전히 안을 것입니다.

어느 수행자

우리는 몸과 마음,
은하계의 먼 곳까지 탐사하고
별빛 속을 헤매이며
끝없는 우주를 가로지르지만

변하지 않는 것,
영원한 본질을 지닌 것,
그것은 어디에도 없음에도
여전히 찾아 나선다.

바람처럼 흐르는 시간 속에
물방울 같은 순간들을 쥐어짜며
영원을 꿈꾸는 우리의 영혼은
끝없이 탐구하고
무한히 갈망하며

아무리 멀리 가도
한없이 깊이 파고들어도

그 본질은
우리 안에 있음을,
우리 자신이
그 영원한 탐구의 대상임을
깨닫는 날까지
우리는 여행을 멈추지 않는다.

그것이 우리의 자각이고,
그것이 우리의 종교 아닌가.

비오는 새벽

젊은 땐 비가 좋아 카페 창가에 앉자
비로 적적해지기도,
때론 행복하기도 했습니다.

옹고히 모인 물을 툭 치고 가는 비도
무슨 얘기인냥 그려내곤 사라집니다.

이제는 비 오는 날을 예상하는
날씨 예보 몸뚱이가 되어
시간 깊숙이 걸어가고 있습니다.

저 멀리 안개 속으로 사라진
사랑하는 이들의 이름
하늘에 새기니
빗물에 스민 그리움
한 방울 한 방울
내 가슴에 고입니다.

그들은 이제
내 숨결의 파도가 되어
영원의 바람을 부르고
죽음마저도 잠시 머무는
천상의 숲 속에서
나를 안고 춤추고 있습니다.

오늘도 빗소리는
새 생명의 뿌리가 되어
이 망각의 세상에
내리는 기도

사랑하는 이여
빗물에 젖은 새벽 공기처럼
고요히 내려앉으소서

하나둘씩 저만치 간 사랑하는 이들을
비 내리는 하늘 보며 기억해냅니다.

그들의 사랑이 내가 되고 그대가 되며
영원한 나를 마주합니다.

죽어도 죽지 않는 영원한 세상의 신비,
죽음은 내게 호흡이며 다시 사는
생명입니다.

그대들을 위한 사랑이 오늘도 충분합니다.

사랑하는 이여, 평안하소서

비오는 새벽

용서

시간이 내게로 왔다.
사멸을 마중한다.
영원함이 틈을 메웠다.
이제 다.

버리고 지워도 잠재된
기억이 쌓인다. 그러나
용서는 그 무게를 녹이는 빛이다.
어제를 삼킨 결과다.

나는 나였던 오늘.
뒷날을 바라보아도
결국 겨를마저 잃는다.

"용서는 죄의 잔존하는 영양분인가 보다.
그것은 치유의 씨앗이 되어
새로운 삶을 피워낸다."

빛으로 가는 길 I

진리는 "이것을 하고, 저것은 하지 마라"는 구속이 아닙니다.
진리는 사실을 직시하고, 그 사실을 통해 올바른 선택을 하도록 이끕니다.
사실은 곧 실상입니다.
이 실상을 꿰뚫어보고, 그 안에서 올바른 길을 선택하는 것이 진정한 지혜입니다.
진리는 우리를 얽매는 사슬이 아니라, 우리를 자유롭게 하는 빛입니다.

그 빛은 우리의 눈을 뜨게 하고, 마음을 밝히며, 삶의 길을 환히 비춥니다.
우리는 그 빛을 따라 걸을 때, 비로소 자신의 본질을 깨닫고 세상을 있는 그대로 바라볼 수 있습니다.
진리는 명령이 아니라 깨달음입니다.
그 깨달음은 우리로 하여금 스스로의 길을 찾게 하고, 그 길에서 흔들리지 않게 합니다.
진리를 아는 자는 자유롭고, 그 자유는 지혜로 가는 첫걸음이자 마지막 걸음입니다.

사실을 직시하라.
실상을 꿰뚫어보라.
그리고 그 안에서 올바른 선택을 하라.
그것이 진정한 지혜의 길이며, 진리가 우리에게 주는 가장 소중한 선물입니다.

진리는 고정불변하는 것이 아닙니다. 우리의 삶 속에 역동적으로 생성되고 변화하는 것임을
예수께서 우리에게 말씀하십니다.
예수는 우리가 하나님의 자녀로 하나님의 통치 질서 안에 살고 있음을 일깨워 줍니다.
예수의 말씀은 민중(오크로스)을 향한 선포입니다. 성전 없이도 하나님과 직접 교통하며 접촉할 수 있음을 가르치셨고, 성전의 권위에 갇힌 하나님은 진정한 하나님이 될 수 없음을 알려주셨습니다. 예수는 우리를 죄인으로 규정하지 않습니다. 죄인을 부르러 오셨지만, 그 부름은 우리가 죄인이기 때문이 아니라, 우리가 하나님의 자녀로서 새로운 존재로 거듭나도록 하기 위함입니다.

"회개하라(메타노이아)"는 단순한 죄의 고백이 아닙니다. 그것은 우리의 의식과 생각을 바꾸고, 우리 존재 상태에 대한 인식을 새롭게 하라는 호소입니다. 우리는 예수와 함께 하나님의 자녀로서 새로운 삶을 살아가야 합니다. 복음은 단순한 관념이 아니라 사건의 연속입니다. 우리 삶 속에서 끊임없이 일어나는 하나님의 역사를 통해 우리는 진정한 자유와 구원을 경험합

니다. 여러분 모두가 예수님의 자녀라는 사실을 깨달으십시오. 사건은 말씀에 앞서며, 복음은 우리 삶 속에서 펼쳐지는 하나님의 살아 있는 역사입니다.

이 진리를 통해 우리는 새로운 자신을 발견하고 이루어 가는 주체로 서는 과정입니다.

빛으로 가는 길 II

지성의 정화는
마치 이성의 인식이 빛을 통해 사물을
비추는 것과 같습니다.
빛이 어둠을 가르고 사물의 본질을 드러내듯,
지성은 혼란과 무지를 걷어내고 진리의 면모를 선명하게 합니다.

이성의 빛은 단순히 눈에 보이는 표면을 넘어,
마음속 깊이 자리한 의문과 갈등까지도 환히 밝혀줍니다.
지성은 그 빛을 통해 우리를 무지의 어둠에서 벗어나게 하고 깨달음의 길
로 안내합니다.

지성의 정화는 단순한 사유의 과정이 아닙니다.
그것은 영혼의 눈을 뜨게 하는 고귀한 의식이며 진정한 자유와 깨달음을
향한 여정입니다.

빛이 어둠을 물리치듯, 지성은 우리를 더 높은 차원으로 이끌고 진리의 세
계로 한 걸음 더 나아가게 합니다.

- 지성은 빛, 그리고 그 빛은 영원한 진리의 길잡이입니다.

그대의 몽상, 언어의 강을 건너다

붉은 노을이 입을 다물 때
말들이 무너져 내린다
사회가 뿌린 알갱이들
— 신이라는 이름의 씨앗도
단어 속에 갇혀 흙이 되고

그들의 교의는
인간이 만든 성이 되어
창 너머 하늘을 삼켰다

밤새 별들이 스스로를 해체하며
침묵의 열쇠를 돌린다
내 안의 우상이 부서지는 소리
"너는 네가 아니다"
메아리 없는 계시

흙길에 엎드린 빗방울이
상처 입은 이의 눈물이 되기 전에
말 없는 말로 속삭인다
가장 높은 곳에
가장 낮은 이가 머문다고

역사는 예수라는 강물에
수많은 이름을 적고
바다로 사라졌다
우리는 모래 위에
신화를 쓰다가
발자국을 지우는지도 모른다

어릴 적 동네 어느 교회 종소리처럼
춤추던 도그마는
창살에 갇힌 바람 되고
밤하늘은
목회자들의 잠든 몽상 위로
스스로를 증명한다

죽음이 내 손에 쥐어준
빈 그릇
나는 거기에
미완성 기도문 대신
차오르는 달빛을 담는다

우주가 숨쉬는 목소리
너와 나의 경계를 녹여
사랑이라는 원초적 강물로
저 별들도 모르게
영원의 고리 되어 흐르는지도

밤이 깊어갈수록
모든 언어는
스스로의 그림자에게
항복한다
침묵의 뿌리에서
우리는 처음이자 마지막
하나의 숨결이 되는지도

본향

발자욱이 녹아내린 길을 돌아보니
흙빛에 스민 시간의 찬란함
한 걸음 한 걸음, 주름진 강물처럼
흐르는 별 되어 등 뒤에서 반짝이고

막연한 발걸음
길은 끝없이 이어지고
뒤안길 황금빛 안개로 피어나라

이제야 보이는 길의 숨은 주름들
우리 발밑엔 항상 돌아올 강이 흘러
그 물소리를 머금고 걸어가는 이여
앞만 보며 달려가다
발끝에 맺힌 이슬을 주워 볼에 비벼 봐요.

옆길 유혹은 바람에 흔들리는 등불처럼
흘러간 날들

지금 이 길의 그림자를 품고 서서
발아래 피는 무명꽃을 밟지 말라 하겠지.

돌아설 때마다 새겨지는 지도처럼
머문 자리마다 수천 개의 은하의 운무
희미해진 발자국들
영원한 귀로를 알려주는 등대가 되리니.

저 먼 들판, 영원한 노을 내려앉은
나의 본향, 집은 발걸음 끝 마디 빛으로
반짝이겠지.

고요와 평화로 채워진 그 문턱에 닿아
흙이 되고 바람이 되어 비로소 안길 테니.

영원법의 노래

시간과 공간이 태어나기 전,
창조주께서 세우신 영원한 계획이 있다.

우주를 빚으시며 다스리시는 이,
만물의 본성과 질서를 정하셨다.

영원법, 그 이름은 영원하다,
시간과 공간을 초월한 법 아닌가.

하나님의 손길로 세워진 질서,
우주 만물이 그 안에 춤추네.

피조물마다 주신 본성과 목적,
그 길을 따라 창조주를 향하고,
하나님의 뜻을 이루는 자리,
질서 속에 아름다움이 피어난다.

"보시기에 좋았더라" 성경이 말하고,
우주 만물 제자리를 비추니,
질서는 아름다움뿐 아니라 목적을 이루는 길,
투영된 길 아닌가.

영원법, 인간의 이성으로는 알 수 없어,
하나님의 계시로만 비추이고,
자연법으로 탐구하는 그 조각들,
성경에 새겨졌도다.

영원법의 노래, 영원히 이어지고.
창조주의 손길,
그 질서 속에 우주 만물이 그 뜻을 따라
움직이니,
그 빛 속에 우리도 서 있노라.

영혼의 서사

빛은 그림자를 부수고도
스스로의 근원을 묻지 않는다.
난로 위 춤추는 파란 혀들이
방 안을 채우는 열의 문법처럼

흙과 불, 물과 바람이 꿰맨 자리
보이지 않는 실타래 하나가
살과 뼈를 엮어 내리는 소리
— 쇠를 두드리는 망치 끝에서
철이 우는 법을 배우다

한낮에 나무에 기대어
"삶"이라는 단어를 만지면
그늘은 스스로를 해체하며
뿌리 깊은 어둠을 증명하네

죽음이 손짓할 때마다
두 개의 관념이 부딪히고
철과 나무의 울음이
공기의 심연을 가르듯

우리는 빛의 근원을 묻지 않은 채
스스로를 태우는 등불이 되어
영원의 재 위에
새겨진 그림자로 서 있네
타오르는 침묵의 문법 속에서

빗속의 본질(本質)

힘내 내리는 빗방울
비 내음이
작은 방을 적시는 소리로

사고(思考)의 저편
뜀박질하며
무너진 사유(思惟)의 다리
수십 년을 건너
오가는 나는
이성을 넘어선 너의 강이었다

시간이 흘러내린 시계 태엽
너는 톱니바퀴처럼 정교해져 갔지만
그것이 오히려 초라함을 배양했다

이 빗속을 홑옷 걸치고 걷는다
씻기고 씻겨도
네가 내 살갗에 스며드는 까닭은
이 방이
기다림으로 빚은 거울이기에

빗물에 녹아 흐르는
유리창 너머 본시(本始)의 그림자
—아, 처음부터 너였다

십자가에 새겨진 자유

미움이 그를 쫓았고, 욕망이 그를 묶었으며, 욕심이 그를 내몰았고, 시기의 칼날이 그의 손발을 찔렀다. 사람들은 돌과 말발굽 소리로 신성한 몸을 십자가에 올렸지만, 그 순간 모든 죄악은 역설의 거울이 되어 우리 자신을 비추었다. 우리가 예수를 찌른 못은 동시에 우리 자신의 손바닥을 관통했다. 피 흘리는 자리에서 비로소 깨닫는다. 우리가 그를 죽인 것이 아니라, 우리 안에 뿌리내린 죽음이 스스로를 죽이려 달려든 것임을.

그러나 이 십자가는 끝이 아닌 시작이었다. 우리가 그와 함께 못 박힌 순간, 탐욕과 증오로 얼룩진 옛 자아는 영원히 숨을 멈췄다. 이제 세상은 허공을 향해 주먹을 휘두를 뿐이다. 이미 죽은 이를 다시 죽일 수는 없지 않은가. 우리는 흙먼지처럼 사라진 육체의 유혹 대신, 십자가 너머로 솟아난 새 잎사귀가 되었다. 봄비에 젖어 푸르게 피어나는 그 생명처럼, 부활의 숨결로 가슴이 채워졌다.

세상은 여전히 쇠사슬을 던지지만, 우리의 발목은 자유롭다. 그리스도와 함께 무덤에 누운 자는 그분과 함께 새벽을 맞이할 운명이기에. 우리는 이제 빛의 화살이 되어 어둠 속을 가르고, 고요한 노래가 되어 침묵을 깨뜨린다. 눈에 보이는 것들의 유혹은 허상처럼 스쳐 지나갈 뿐이다. 우리 안에 뿌리내린 영원한 생명이 매 순간 땅속 깊이 뻗은 물줄기처럼 세상을 향해 흐르고 있으니.

그러므로 우리는 더 이상 예전의 우리가 아니다. 십자가에 걸린 죽음이 우리를 삼켜 버렸고, 부활의 아침이 우리를 입맞춰 깨웠다. 이제 우리는 그분의 호흡으로 살아가는 신령한 그림자요, 영원을 품은 순례자다. 세상이 던지는 모든 못은 이미 허공에 갇힌 채, 우리의 발아래서 녹슬어 가고 있다.

평온의 자비

타자의 시간에 어울려 이틀을
보냈다.

단순함이 활력을 주기도 하지만, 나의 측은함이 밀려오고

오랜 인연을 새로운 줄로 엮듯, 내뱉은 단어와
주워온 이야기들, 그냥 사람 사는 것 같아도
유용히 써내려는 그들의 시간이었고
이용이었던 듯하다.

육체에 밀려오는 피곤과 진통, 끊임없이 속삭이는 후회로
말라버린 샘을 들여다본다.

홀로 채운 기쁨 한 줌, 그들의 시간 전체라도
허사로움만 남는다.

새소리, 바람 휘젓는 나무가지들, 고라니가 울기도 하는
온갖 잡스러움이 사라진 이곳에

비로소 평온이 공간을 가르며
질책한다.

나를 품어준 한울의 자비에
감격하며 새날을 기다린다.

온기

내 미숙함은 점처럼
부서진 유리 조각처럼
여기저기 흩어져 버렸다.

그럼에도 이어진 인연은
흙속에 뿌리내린 나무처럼
때론 질책이고, 사랑이며, 용기로
다가온다.

흩날리는 시간의 파편 위로
서툰 발걸음이 남긴 자국들
빛으로 물들어 가도
나의 부족함이여

그대의 위로, 그 손길이
고개 숙인 내 등잔에 불을 밝힌다.

모아지지 않는 조각들 속에서도
오늘을 걷게 하는 것은
바람에 흔들려도 꺾이지 않았던
그리운 누군가의 온기이다.

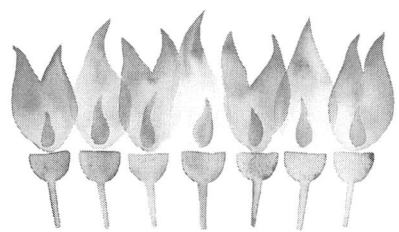

대답

그대는 침묵과 함께 울고 있었습니다.
삼십여 년의 세월이 흘러 이제야 나는
당신께 답을 합니다.
알았다고 생각했지만, 나는 당신을 몰랐고,
내 미숙함 속에 당신으로만 있었던 것입니다.

늦어서 미안합니다. 끊임없는 기도로 나는
위로를 받았지만,
신께 맡긴 그대는 행복했습니까?
그대의 마음은 어디에 머물렀는지,
나는 끝내 알지 못했습니다.

눈물 뒤에 웃던 싱긋한 미소만큼이라도
그대를 이해했다면,
이 세상은 더욱 아름다웠을 것입니다.
당신과의 인연뿐만 아니라,
세상의 모든 것에 참으로 미안합니다.

그대의 눈물이, 그대의 아픔이,
내 안에 깊이 새겨져 있음을.
그토록 시간 속을 오래 걸어와
이제야 대답할 수 있어
정말로 부끄럽습니다.

세상은 지금 그대에게 여전히 아름다운가요?
세월의 흔적은 아픔도 무디게 하지만,
마주한 나의 간절함이 그대의 숨결을 품고
신의 평안에 함께하길 바랍니다.

그대의 아픔이 내 가슴을 파고들어,
세상의 끝날까지 간다 해도 분명
그대는 행복했으리라 믿어요.

신의 약속이 그대를 감싸 안았고,
그대의 미소, 그대의 눈물, 그대의 절규마저
언제나 나의 기도가 되어 흘러내렸으니까요.

나의 애통이 어둠의 숨을 지키며
이슬이 되어 흘러 적셨던
내 영혼의 깊숙한 곳에 묻힌 이름이여,

새벽 어느 날

산등성이에 스민 해는
정점을 향해 굴러내리지만
우리의 시간은
저만치 눈부신 무늬로 남고

바람은 기회를 묻는 발밑을
스쳐 가도
인생은 강물에 젖지 않는
돌처럼 서 있다.

예의라는 껍질을 벗겨내고
하루에 한 땀씩 풀어내리니
성숙은 마른 나무가 되어
얼어붙은 허무의 매듭을 풀어 간다.

손끝으로 쓰는 결말은
이성의 강을 넘어
고요한 습지에 핀
연분홍 약속처럼 빛나고

사랑은 겸손의 이름으로
아침 이슬에 엎드려
자비의 꽃잎을 세우리라.
매일, 허리춤에 차는 달빛 아래

새벽은 또다시
휘어진 길 위에 서서
흩어진 별들을 주워 담는다.
지금 내가 여기 헤매는 까닭은
그 빛을 덜어낼 그릇이 없어서인가 보다.

지금

미래는 스며들어 과거로,
원자의 세계 속에 잠긴 시간,
우리는 현재를 살아가지만
과거는 손끝에서 미끄러져 간다.

4차원 우주, 팽창하는 빅뱅,
새로운 순간이 쌓여 가는 흐름,
'지금'은 특별한 창조의 순간,
끊임없이 태어나는 시간의 숨결.

'지금'은 우리의 힘,
혼돈의 강을 틀어
작은 질서를 만들어내는
자유의지의 빛나는 순간.

원인과 결과, 그 고리 속
빛보다 빠른 입자가 있다 해도,
자유의지는 흔들리지 않는다.
우리는 여전히 선택의 길을 걷는다.

이타심을 유전자의 본능으로
덮어버리는 유사과학의 그림자,
그러나 윤리와 도덕, 공정과 동정,
공감의 뿌리는 물리학을 넘어선다.

자유의지는 비물리적 지식,
접근 가능한 미래들 사이에서
선택을 넘어 방향을 짓는
혼돈 속의 나침반.

깨진 접시를 만들기도 하고,
새로운 접시를 빚기도 하며,
전쟁을 시작하기도 하고,
평화를 찾아 나서기도 한다.

'지금' 이 순간, 너의 자유의지는
하나님의 근본을 드러내는 창조의 동역자.
너는 신이었고, 사랑이었으며,
시간의 흐름 속에서 빛나는 시작.

너는 신이었고, 사랑이었으니,
이 순간을 빛내는 자유의지로
창조의 노래를 이어가라,
과거와 미래를 잇는 영원한 '지금'으로.

오늘

바람이 지나간 자리
서리가 내려앉고
사물의 표면에 반짝이는
시간의 파편들

새벽, 뜬눈으로
하얗게 타오르는 하늘을 바라본다
— 그 광막한 허공이
무상한 내 안을 비추는 거울

시간의 강을 건너
떠밀려 나가는 순간들이여
다시 그려내어도
채워지지 않는 빈틈
그대의 시간

흘러가는 강물 위에

떠오르는 달빛처럼

아득하지만 아름다운 오늘이여

찰나의 빛, 영원을 품다

인간은 종종 눈앞의 실재를
한 줌 먼지처럼 흘려보내며
고귀함을 웃음 뒤에 감춥니다.
선함은 가면 뒤에 숨겨지고,
속임수의 그림자에 짓밟히곤 하지요.

이성은 의심의 칼날로 진실을 해체하며
위대함을 되풀이되는 거짓으로 매도합니다.
신성함을 향한 불손은 이제 익숙한
현상이 되었고,
우리 삶은 여전히 작은 바람에도 흔들리는
촛불처럼
미약하지만 고집스럽게 타오릅니다.

매일 아침 새로운 각오로 신화를 써 내려가는
이들은
창백한 어둠 속 별빛이 됩니다.

한 방울의 이슬이 모여 바다를 이루듯,
그들의 작은 승리는 시간을 관통하는
영원의 순간이 되죠.

서로의 어깨를 발판 삼아 하늘을 걷는 가족은
침묵으로 빚은 찬가입니다.
상처 입은 손끝으로 마음의 문을 두드리며,
용기라는 이름의 밀물을 불러옵니다.

실재에 대한 경건함은
부서진 유리창에 반짝이는 새벽을
붙잡는 행위처럼
우리가 새로움의 자세로 살아갈 이유이고,
찰나의 빛이 영원을 품는 이유입니다.

노동:
창조의 숨결과 영원한 협력자의 서사

태초에 빛이 있기 전, 우주는 창조주의 손끝에서 노래처럼 흘러나왔습니다. 그분은 먼지에 생명을 불어넣고, 시간의 틈새에 인간을 세우셨으되, 완성된 걸작이 아닌 '함께 그리는 동행자'로 초대하셨습니다. 우리의 노동은 이 거대한 창조 서사 속 한 줄기 붓질이자, 영원을 향한 신과의 합주입니다.

허무를 넘어: 유물론의 미로와 창조의 빛
유물론의 렌즈로 삶을 바라보면, 모든 노력은 죽음이라는 검은 구멍에 삼켜집니다. 마치 목적지를 잃은 택시가 끝내 폐허에 멈추듯, 축적된 물질은 영혼의 고향을 비춰주지 못합니다. 그러나 창조주의 눈으로 세계를 읽을 때, 노동은 '허무'가 아닌 '시작'으로 빛납니다. 흙을 일구는 손길, 글자를 새기는 고뇌, 아이를 안는 품—모든 움직임이 신성한 파동이 되어 우주를 울립니다.

인간: 창조의 공방에서 부름받은 장인

"너희는 내 손의 연장이 되라." 창조주는 우리에게 완성되지 않은 세계를 건네며 속삭이셨습니다. 산을 가르고 강을 다스리며, 우리는 단순히 자연을 정복하는 존재가 아니라 신의 예술을 이어가는 공동 작가입니다. 목수의 망치 소리, 농부의 씨앗 뿌림, 과학자의 방정식—이 모든 것이 천국의 청사진을 현실로 엮는 실타래입니다. 예수님이 나무를 깎으신 그 손길처럼, 노동은 신성함이 육체로 구현된 예배입니다.

고통의 역설: 깨진 질서와 영광의 재건

타락은 창조의 리듬을 일그러뜨렸습니다. 가시 돋친 땅, 저항하는 강철, 상처 입은 관계—노동이 고통으로 느껴지는 것은 우리가 신의 질서를 거스른 대가입니다. 그러나 바로 이 고통 속에서 인간은 가장 숭고한 사명을 발견합니다. 부서진 유리창을 고치듯, 우리의 땀은 창조의 균열을 메꾸는 광휘가 됩니다. 실패조차도 영원한 완성을 향한 디딤돌이 되니, 노동은 동시에 '배상'이자 '희망의 예언'입니다.

눈에 보이지 않는 상급: 결과를 넘어선 가치

세상은 숫자로 승부를 냅니다. 생산량, 효율, 이익—그러나 창조주의 공방에는 다른 잣대가 있습니다. 황폐한 밭에서도 씨앗을 던지는 농부의 결심, 실패한 실험 뒤에는 신의 창의성을 닮은 도전이 빛납니다. "네 진심이 내게 도달했다" 창조주는 과정 그 자체를 성물로 삼으십니다. 유년부터 나무를 깎으셨을 예수의 삶이 증명하듯, 노동은 결과가 아닌 '의지의 조각'으로 영원에 새겨집니다.

섭리의 리듬: 인간 노동의 우주적 의미
창조는 단숨에 완성된 적 없습니다. 신은 의도적으로 여백을 남기셨고, 그

공백을 인간의 호흡으로 채우도록 하셨습니다. 우리가 쌓은 벽돌 하나하나마다 신의 손길이 스며들고, 실패한 시도조차 신의 인내심을 배우는 교실이 됩니다. 이 거대한 협업에서 중요한 것은 '무엇을 남겼는가'가 아니라 '얼마나 신을 닮아 갔는가'입니다.

영원을 박차는 오늘의 발걸음
노동이란 창조주의 심장 소리를 따라 걷는 순례입니다. 흙탕물을 헤치며 길을 내는 오늘의 수고가 내일의 천국 도로가 됩니다. 손바닥에 묻은 때, 이마의 땀방울, 지친 어깨—이 모두가 영원한 생명의 서약서입니다. 우리가 버티는 매 순간, 신은 미소 지으시며 말씀하십니다.

"네가 여기서 쌓은 인내가 내 나라의 기둥이 되리라."

아름다운 생존의 문제

우리는 죄성을 품고 흘러가는 존재임을 부인할 수 없다. 먼지를 머금은 영혼으로 태어나, 서로를 마주할 때마다 그 어둠이 드리운 그림자를 밟으며 걸어간다. 관계 또한 그 죄성의 경향 속에서 맴돈다. 만남은 이상을 꿈꾸고, 완결을 향한 과정을 갈구하지만, 정작 그 끝은 영원히 닿을 수 없는 허상이다. 우리가 엮어내는 모든 유대는 이미 우리보다 앞서 누군가가 남긴 불의의 잔재에, 또 우리 스스로가 경험하고 저지르는 불의에 의해 흔들리며 상처 입어왔다.

과거를 마주하는 통렬한 성찰 없이, 오늘의 나는 미련한 화해로 스스로를 달래고 내일을 기약하지 못한 채 허울뿐인 평안을 쌓는다. 그렇게 우리는 역사의 굴레에서 벗어나지 못한 채, 부서진 조각들을 주워 모아 관계라는 이름으로 덧댄다. 깊이 성찰하지 않은 채 흐르는 시간 속에서 부서지고 다시 일어서는 이 모순적인 삶, 그것이 우리가 발 딛고 있는 현실이다.

그러나 바로 이 부조화 속에서 우리는 생존을 꿈꾼다. 갈등과 상처, 용서와 배반이 교차하는 틈바구니에서 관계의 의미를 묻고, 허물어짐을 견디며 부서진 조각들로 새로운 형태를 만든다. 비록 완전하지 않더라도, 그 자체로 아름다운 생존의 문제를 풀어가려 애쓰는 우리.
결국 우리는 불완전함을 끌어안은 채, 서로의 그림자를 밟으며 나아가는 존재들이다.

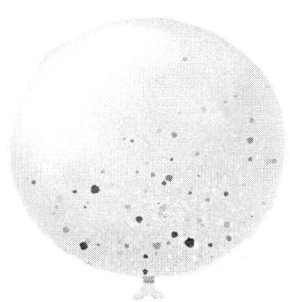

체온으로 빚은 별

시간이 강물에 젖어 흐르던 날
내 미숙함은 얼음 조각처럼
부딪히며 산산이 부서진 채
발아래 까맣게 깔렸습니다

그대란 이름의 뿌리가 땅속을 움츠리던 밤
한 줄기 빗물이 되어 내려온
꾸중의 씨앗, 사랑의 눈물, 용기의 싹
이제 가지 끝에 열매로 맺혀

흩뿌려진 시간 조각들이
발끝에 달라붙어 별자리가 되던 날
서툰 발자국은 저문 노을에 녹아
밤하늘 은하수로 피어났다

부족함이라 이름 붙인 계곡에
그대의 손길은 달빛이 되어

숨죽이던 등잔의 심지에
새벽을 꽂아 넣었지

모아지지 않는 파편들 위를 걸을 때마다
발목을 감싸는 건
바람 속에서도 잊히지 않던
누군가의 체온으로 빚은
두 번째 생명

신념

비록 광야에서 별을 따라 걷고 있을지라도,
나는 나의 길을 믿는다.
아무리 훌륭한 평가를 받는 작가와 성직자라 해도,
그들과 나를 비교하거나 논하는 것은
나에게 치욕이자 모욕이다.

그들은 그들의 하늘을 날았고,
나는 나의 땅을 걸어갈 뿐이다.
각자의 길은 고유하며,
발자취의 무게는 서로 다른 저울에 놓여 있다

나는 나만의 빛과 그림자를 품고,
내 안의 진실을 따라 걸어갈 뿐이다.

남의 눈에 비치는 영광이나 실패는
내 삶의 깊이를 재는 잣대가 될 수 없다.
나는 나의 길을 걸으며,
내가 선택한 모든 순간을
온전히 내 것으로 만들고 있다.

비록 광야에서 홀로 걸어도,
나는 나의 별을 따라갈 것이고
그 누구도, 그 무엇도
나의 가치를 훼손할 수 없다.
나는 나의 삶을 살 뿐이다.

질서의 방주: 가을밤의 고백

창조의 신비가 꿈틀거리는 계절,
축제를 벌이다 돌아보듯 숙연해지는 때.
미세한 생명 하나하나가 제 길을 걸으며
소멸에도 눈 감는 담대함—아, 자연이여!

강요 없이 사랑으로 영원을 빚는 너,
품속에서 모든 빛은 고요히 자리를 찾네.
가을바람이 스치면 낙엽은 흩날리며
고요히 속삭이네: 끝은 시작의 그릇이라.

비 갠 밤하늘, 별들은 질서의 찬가를 부르고
지구는 총알처럼 돌아도 은하는 춤추는구나.
그 춤추는 별빛 아래 나는 무릎 꿇으니
질서란 신이 남긴 사랑의 발자국이더라.

삶은 엔트로피의 강을 거슬러
한 줌 빛을 품은 채 걷는 외로운 길.

죽음이 무질서의 절정이라 해도
나는 아버지 품으로 돌아갈 여정이라 믿소이다.

오랜 기도와 상처를 주머니에 묻어
이제 바람에 날려 보내노라.
빗소리, 풀내음, 싸늘한 바람—
가을밤은 홀로 있어도 고요의 방주로다.

진리의 유동성

올해, 자두나무의 한쪽 가지가 병들어 열매가 예년보다 적게 열렸다. 그러나 매년 이 나무가 주는 열매는 여전히 신비롭고 감사함을 느끼게 한다. 자연에 스며드는 경외감은 언제나 나를 새롭게 하고, 깊은 성찰로 이끈다. 자두나무는 병든 가지에도 불구하고 여전히 열매를 맺는다. 그 열매는 단순한 달콤함을 넘어, 삶의 순환과 생명의 끈질김을 상징한다.

이 나무의 열매처럼, 종교와 이념 또한 존속적 가치를 지닌다. 그러나 그 가치는 우리의 사고와 경험 속에서 끊임없이 새롭게 재해석되고, 항구적으로 재생산되어야 한다. 전제된 사고가 절대적 진리라고 주장하는 것은 영원할 수 없다. 그것은 단지 유지를 위한 세뇌의 반복일 뿐이다. 역사 속에서 오랜 시간과 깊이로 인정받아 온 진리라 해도, 그것이 우리에게 궁극적인 답이 되기 전에는 끊임없는 질문과 탐구가 필요하다.

예를 들어, 중세 유럽의 천동설은 오랜 시간 진리로 받아들여졌다. 그러나 코페르니쿠스와 갈릴레오의 도전으로 인해 그 진리는 재해석되었고, 과학적 사고의 새로운 지평을 열었다. 마찬가지로, 오늘날 우리가 믿는 진리들도 미래의 질문 앞에서 재평가될 수 있다. 자유로운 사고는 실타래처럼 풀어헤쳐져야 하며, 전제된 사고의 한계를 넘어 새로운 열매를 맺어야 한다.

자아적인 관념은 이상의 심해로 나아가되, 지식의 소유는 스스로를 진실에 대해 더 엄격하게 만들어야 한다. 인간의 입장에서 좋고 쉬운 것을 내재화하는 것은 신과의 관계를 설명하는 데 논리적 사고로는 충분하지 않다. 이는 이미 우리가 알고 있는 사실이다. 허구를 끌어와 현실로 만드는 것은 소수 이해집단의 이익과 권력을 얻기 위한 수단이었으며, 역사 속에서 반복되어 온 업보임을 우리는 결코 잊어서는 안 된다.

20세기의 전체주의 체제는 허구를 현실로 만든 대표적 사례다. 나치의 인종 차별 이데올로기는 허구적 신화를 통해 권력을 유지하려 했고, 그 결과 수많은 생명이 희생되었다. 오늘날에도 우리는 가짜 뉴스와 정보 조작의 시대에 살고 있다. 허구가 진실로 둔갑하는 이 시대에, 우리는 더욱 엄격한 질문과 탐구를 통해 진실을 찾아야 한다.

자두나무의 열매가 병든 가지에도 불구하고 여전히 맺히듯, 우리의 사고도 한계를 넘어 새로운 가능성을 열어야 한다. 진리는 고정된 것이 아니라, 끊임없이 재해석되고 재생산되는 과정이다. 우리는 그 과정 속에서 더 나은 미래를 위한 열매를 맺어야 한다.

"물음의 뿌리, 열매의 길"
우리는 오늘도 자두나무 아래서 질문을 던지며, 진실을 향한 길을 걸어간다.

가을의 신성한 서사시

신화가 잠든 숲속에서
가을은 영원의 문지기가 되어
황금빛 춤사위로 시간의 색채를 물들이네
한 송이 낙엽이 우주의 심장을 두드릴 때
허공에 새겨지는 생명의 계보

모래알 같은 존재들도
스스로 우주의 문장(文章)이 되어
뿌리 끝까지 빛을 헌신하는 법
그들이 지우는 자취마다
시간의 등대가 타오르고
소멸은 새로운 언어로 태어나리

오, 스스로를 빛으로 삼는 자여
그대의 침묵이 우주를 가르치네
잎사귀 하나 흔들림 없는 겸허의 미학
강물은 흐르되 길을 만들지 않고

바람은 부디되 뜻을 세우지 않으니
사랑의 유전자가 영원의 혈관을 흐르도다

가을빛에 젖은 풀잎들이
죽음마저 포용하는 법을 일깨우듯
너의 호흡은 대지의 서사시를 쓰네
한 줌 흙 속에 깃든 별들의 합창
무한히 펼쳐지는 무위(無爲)의 노래

영원이란
단 한 번의 숨결로 드러나는
순간들의 연금술
오늘도 가을은
스스로를 잊은 채
우주를 안고 눈 감는다

너희에게 평안이 있으라
― 영원의 숨결로 물드는 계절에

허물어진 장막 너머 빛이 오다

주님의 숨결로 떨리는 시간의 틈새
한 알의 모래도 주의 경륜에 녹아내리네
성령이 지나간 자리마다 깨진 파편들
바다 밑바닥 요나의 눈물로
영혼의 조개껍질이 열리더이다

중년의 파도가 내 뼈를 두드릴 때
도망친 발자국 소리가
메마른 갈대숲에 서린 밤이 되었으나
주님의 밀물은 썩은 밧줄을 풀어
부끄러움을 해파리처럼 투명하게 흔드네

내 영혼의 갈증이
광야에 선 회색 장미라
이슬을 삼키는 법을 잊었사오니
파도 위를 걷는 주님의 발자국으로
내 심장의 갈라진 틈을 꿰매소서

칠흑의 밤바다에 던져진 그물처럼
허우적대는 이 손을 잡아주시어
겸손의 등대가 되게 하옵소서
자비의 씨앗을 혀 밑에 품고
경건의 파도에 몸을 맡기리

주여, 내 가슴을
두 겹 세 겹 동아줄로 묶어주시어
폭풍우 속에서도 주의 계절을
외치게 하옵소서
썩은 배 안에서도 새 날의 노래를
부르게 하옵소서

이제 내 눈동자에 맺힌 안개 속으로
주님의 새벽이 스며들더이다
— 깊은 바다 밑에서도 피어나는 광명

질그릇에 새긴 새벽의 문장

주여, 이 거친 티끌 같은 존재를
깨진 질그릇이라 부르소서

내 갈라진 틈새로 스며드는 바람이
이웃의 창문을 흔들 때면
폭풍보다 부드러운 회개의 말풍선
부서진 마루 위에 놓아두소서
나무뿌리처럼 구부러진 나의 어제를
숲의 체념으로 감싸 주시어

오, 태양이 흙을 녹이는 법으로
나를 주님의 가마 속에 던지소서
타는 듯한 중년의 한낮에
내 안의 낡은 강이 터져 나와
새싹들의 찬란한 항해를 적시리

생명의 지문을 새긴 손바닥 위에
시든 꽃잎의 고백을 올리니
주님의 긍휼은 새벽 이슬 되어
뿌리 깊은 수치를 씻어내네
나는 강가의 갈대, 흔들리되
노래의 골격을 잃지 않으리

창공의 철새들도 머무는 법 배우듯
날마다 새로운 유전자로 깨어나소서
썩은 열매 속에서도 맺히는
시간의 수정알갱이
망각의 모래언덕에 서서
창조의 파도를 마시는 자

나를 부수시되 흩뿌리지 마시고
흙의 기억으로 다시 빚어 내소서
메마른 강바닥에 핀 월계수처럼
새벽마다 잉태되는 흙의 찬미로다.

우주의 주석

고요한 악보 위로 별빛이 흐르고
그림자의 호흡이 시로 스며든다.
산문은 흩날리는 시간의 흔적,
한 줄마다 시간이 묻어나는 숨결.

화음의 고리가 우주를 묶을 때
현악기의 손길은 별빛의 바다를 어루만진다.
붓끝에선 생명의 불꽃이 태어나,
색채의 깊이 속에 우주가 숨 쉰다.

은유는 강물에 젖은 발자국,
한 걸음에 계절이 녹아내리고,
멜로디는 밤하늘의 흔적,
밤마다 새로운 이야기를 그린다.

우리가 읽는 모든 선율, 색, 말투는
무한한 텍스트의 한 글자,
영원히 변주하는 문법,
부서진 거울 속 영원의 초상.

눈 감으면 들리는 우주의 속삭임,
한 줄기 빛으로 번역되는
우리와 별 사이
보이지 않는 사전의 한 페이지.

어느 설교자

종이 풀을 빚은 설교가
창문을 막으며 내려올 때
우리의 눈은
빛을 삼킨 그늘로 물들어 간다.

고통을 피해 걸린 손수건들
—희생이란 단어를 씹어 누른 이들이
공허의 숨결로 부풀린 풍선을
하늘에 묶어 두고 웃지.

그들은 빛의 조각을 모아
남의 눈 위에 부착하며
스스로의 그림자를
신의 발끝에 던진다.
망각의 강을 건너면
하늘은 종이 한 장 너머로 흔들리는데.

희미한 등불이 이마를 적시면
우리는 허공의 사다리를 밟고
신음 섞인 찬송을 부른다.
빈 배의 노래처럼
파도는 돌아오지 않고.

고난을 삼킨 땅속에서는
철조망 같은 뿌리들이
어둠을 가르며 속삭인다.
"신은 그들의 하늘에만
갇힌 존재 아닌가."

종이 울림으로 채운 강당엔
빛의 가루가 쌓여 가고
우리는 허공에 새긴 십자가에
스스로를 매단 채
영원의 문턱에서
목숨의 저울을 흔들고 있다.

원죄(原罪)의 당도(糖度)

선악의 과실이 입천장에 닿을 때
우주의 혀가 붉은 용암으로 녹아내렸다
—아담의 이빨 자리에서 피어난
신성(神性)의 발효(醱酵), 독을 머금은 꿀빛 승천(昇天)

금단(禁斷)의 씨앗이 혓바닥 아래서
천년(千年)의 침묵을 깨물어 터트리자
공허(空虛) 속에서 솟은 수액(樹液)이
에덴 동쪽 강을 거꾸로 흘러
철학(哲學)의 뿌리를 중독(中毒)시켰다

천사들도 맛보지 못한 그 단맛은
십자가 틈새로 스며든 암호(暗號)
썩은 과육(果肉) 속에서 발굴된
원죄(原罪)의 꿀빛 정적(靜寂)이
역사(歷史)의 구멍을 빛으로 메워냈다

이제 혼돈(混沌)의 가마솥에서
지혜의 포도주가 끓어오른다
지식(知識)의 증기(蒸氣) 위로
그리스도의 지문(指紋)이 응결(凝結)된 물방울이
인류(人類)의 미각(味覺)을
삼십 은화(銀貨)의 땅에 떨어트리네

"먹어라, 이는 내 살이로다"
최초(最初)의 단맛이 최후(最後)의 쓴맛을 삼키며
신학(神學)의 소화기관(消化器官)을 지나
부활(復活)의 장미창자(薔薇腸子)로 배설(排泄)될 때
광야(曠野)는 창자(腸子) 속에서 울음으로 발효(醱酵)하리

한 알의 당도(糖度)가 시공(時空)의 경계를 녹여
빛의 혀끝에서 대폭발(大爆發)
모든 언어(言語)가 타락(墮落)한 침(津)으로 변주(變奏)되니
이제 우리 창자(腸子) 깊은 어둠 속에서
천국(天國)의 효모(酵母)가 암흑(暗黑) 찬가(讚歌)를 빚는다

— 최초(最初)이자 최후(最後)의 열매(열매)가
시간(時間)의 구강(口腔)을 찢어버린 그 날
신(神)의 위장(胃腸)이 우주(宇宙)를 토해내는 소리가
메시아의 혀에서 수평선(水平線)으로 퍼져가리

끝나지 않는 서고(書庫)의 호흡

먼지 핀 파피루스 위로
갈라진 항아리 틈새를 타고
빛이 스며든다
신의 숨결은 오류의 간격을 채운다
—사본(寫本)들이 춤추는 도서관

푸른 잉크가 검게 변주될 때
오리겐의 눈물이 단어를 적시고
내 발아래로
십자가의 그림자가 길어진다.

야곱이 천사와 씨름한 그 강가에서
나는 나 자신의 고관절을 부쉬본다
"믿음은 외로운 자의 유전자"

생명나무 그림자가 도시의 전광판을 스치고
지하철 계단에 묻힌 빛의 구절(句節)들—
새 이름을 품은 강이 흐르리라
빗물에 번지는 테레사의 기도소리
오래된 아스팔트 틈에서 싹트고
수녀의 주름진 손바닥에
내일의 만나(mana)가 녹아있다

파도는 별들을 삼키고 토해내듯
아직 끝나지 않은 계시의 호흡이
내 폐 속 산소로 순환하고
영원(永遠)이 내 손가락을 스쳐가듯
파도는 계속
별들과 대화하며
아직 끝나지 않은 창세의 숨소리

상처가 비상을 삼키다

은혜란 이름의 낫이 허공을 가르면
어둠의 뿌리도 결국 빛의 씨를 품었음을──
땅은 새빨간 상처로 벌어지고
그 틈새로 피어오르는 것은
태초의 진흙이 아님을,
오직 부서진 쇠가 영혼의 산화되는 소리임을

너의 등에 돋은 날개는
하늘을 향한 채
땅의 무게로 젖어 내린다
한쪽 날개는 신의 숨결,
한쪽 날개는 인간의 발자국
공중에 멈춘 채 흔들리며
추락과 비상의 경계를 삼키는가

돌아온 탕자가 받은 잔은
빈 손을 채우지 않았도다
오히려 그 허기를
새 빵으로 발효시키는
부재의 기술
잔치 상 위에 놓인 칼은
잘라내는 자가 아니라
이어주는 자의 열맥을 따라
죄와 축복의 경계를 허물더라

가장 자유로운 자는
발목에 달린 사슬 소리를
스스로의 노래로 삼는 이
강물은 흐르되 강바닥은 머무네
신의 은총은 허공에 핀 꽃이 아니라
땅을 뚫은 뿌리의 신음
——그 무게로 인해
우리는 비로소 하늘을 올려다보네

*

너희의
불멸을 향한 생명의 항해

우주는 차가운 법칙을 품고 있다. 모든 것은 무질서를 향해 흐르고, 질서는 모래성처럼 무너져 내리며, 시간의 강물은 결코 거스를 수 없는 방향으로만 나아간다. 열역학 제2법칙이 외치는 엔트로피의 법칙—이것이 우주가 정한 숙명의 문장이다. 그 무대 위에서 생명은 고독한 반역자의 자세로 서 있다. 세포 하나가 분열할 때마다, 유전자가 복제될 때마다, 상처 입은 조직이 재생될 때마다 엔트로피의 파도를 가르며 질서의 깃발을 꽂는 투쟁이 시작된다.

생물학적 정보는 이 투쟁의 핵심 무기다. DNA의 이중 나선은 수억 년을 관통하는 비밀의 금고처럼 생명의 청사진을 고이 보관한다. 복제 오류가 발생하면 교정 효소라는 충직한 수호자가 달라붙어 오류를 바로잡는다. 자외선이 유전자를 훼손하면 손상된 염기 조각이 신속하게 대체된다. 마치 시간의 칼날에 의해 갈라진 유리창을 투명한 결정으로 다시 메우는 것처럼. 그러나 이 치밀한 방어망도 완벽하지는 않다. 복제의 오차는 쌓이고, 돌연변이는 중첩되어 결국 노화라는 이름의 틈새로 스며든다.

생명체는 이 한계를 넘어서기 위해 우주의 허락을 받아 에너지를 훔친다. 초원의 풀잎은 태양의 화염을 포착해 당분으로 응축하고, 심해의 박테리아는 화산열의 숨결로 황화합물을 분해하며, 인간은 밀알의 전분을 산소와 결합시켜 세포 속 ATP로 재탄생시킨다. 이 모든 것은 에너지 변환을 통한 엔트로피의 국지적 역전—우주 전체의 무질서가 증가하는 대가로 작은 질서의 섬을 건설하는 마법이다.

과학은 오늘도 생명의 불사조 신화를 실험실에서 재현하려 한다. 줄기세포가 노화된 조직에 젊음을 불어넣고, 유전자 편집 기술은 돌연변이의 그림자를 지워내려 애쓴다. 하지만 생명의 신비는 여전히 깊고, 과학의 손길이 미치지 못하는 영역은 광대하다. 냉동 보존된 세포가 백 년의 시간을 뛰어넘으며, 우주 공간의 무한한 에너지원을 찾아 탐사선이 안테나를 우주로 뻗는다. 만약 먼 별에서 쏟아지는 반물질을 연료로 삼거나 블랙홀의 회전 에너지를 추출하는 기술이 현실이 된다면, 생명은 한계 없는 에너지원을 손에 넣게 될 것이다.

그러나 영원은 아직 가설의 영역에 머물러 있다. 현재의 생명체가 의지하는 태양조차 50억 년 후에는 수소를 소진하고 붉은 거성으로 부풀어 오를 것이다. 그때까지 인류가 항성간 문명으로 도약하지 못한다면, 지구의 생명은 다시 엔트로피의 바다에 잠길 것이다. 영속을 꿈꾸는 생명의 항해는 끝나지 않는다. 다음 에너지원을 찾아, 다음 유전자 수정 기술을 개발하며, 죽음의 법칙과의 경주를 계속할 것이다. 우주의 모든 빛이 꺼질 때까지.

선물, 영혼의 증여

선물은 물건이 아니다.
껍질을 벗은 마음이 손끝에서 피어나는 순간,
우리가 건네는 것은 실재 너머의 자신이다.

주는 이는 경계를 넘나든다.
선물을 내미는 손길 속에서 '나'는 조각나고
다시금 흙처럼 뭉쳐진다.
그러나 그 파편들은 이전과 같지 않다.
타인의 호수에 잔물결을 남기고 돌아온 빛처럼
새로운 형태로 스스로에게 안긴다.

이것이 증여의 신비로움이다.
주고받는 사이에 탄생하는 제3의 공간,
두 영혼의 숨결이 교차하는 자리에서
선물은 비로소 진실을 입는다.

종이로 덮인 상자보다 가벼운 것,
리본보다 야생적인 것,
물리적 경계를 녹이는 투명한 유리병 같은 것,
그 안에 담긴 무형의 정신이 서로를 적시며
인간 사슬처럼 이어질 때

우리는 비로소 안다.
가장 값진 선물은 주는 자와 받는 자를
동시에 자유롭게 한다는 것을.
헌신과 자유의 이중주가 울리는 공명,
그곳에서 연대는 꽃잎을 펼치고
기쁨은 뿌리내린다.

어둠 속에서도 빛을 나르는 나비처럼
진정한 선물은 결코 단독이 아니다.
영혼의 화음으로 깃들어
영원히 타인을 향해 열리는 문이 된다.

빛을 기다리는 발걸음

저 먼 그윽한 그림자 사이로
당신의 미지의 얼굴이 스며든다
사랑은 부서진 유리창을 넘어
매일 새롭게 피는 상처의 꽃
그 끝에서 나는 기다림을 배운다

용서란 손끝에 맺힌 이슬
주는 이의 뜨거운 밤이 되어
받는 이의 창백한 새벽을 깨울 때
한 송이 진혼곡이 되리라
서로의 어둠이 마주 앉은 자리

사랑은 신을 닮아 가는 여정
주님의 침묵이 내 입술에 번질 때
조롱의 바람도 나뭇가지가 되어
고요한 뿌리 아래 잠든다
폐허 위에 핀 은혜의 씨앗

썩어 가는 세기의 한가운데서
그리스도의 빛이 내 발밑을 스친다
미래는 눈부신 강물로
부서진 것을 안고 흐르리라

아멘, 이 고백이 새 날의 문이 되겠지…

아리스토텔레스의 실종된 마지막 증명

이성(理性)이 잡아든 별 하나가
유클리드의 눈물 지도 위를 굴러떨어지고
우리는 허공에 주름진 좌표(座標)를 읽는다

천사들이 손끝으로 그린 모든 위도(緯度)는
귀퉁이 진리의 포로(捕虜)
그들이 미처 채우지 못한 분계선 너머
십자가의 나침반이 북극성 대신
창(槍)에 찔린 심장을 가리킨다.

우주(宇宙)의 지하실에 쌓인 두루마리
데카르트의 '아침'과 니체의 '황혼'이
같은 선반에서 부서지는 소리
그 틈새로 스며든 한 줄기 빛이
에덴(Eden) 동쪽 문턱의 흙을 적시고

이제 추상(抽象)의 언덕을 넘어
발바닥에 박힌 씨앗의 기하학(幾何學)
―창세(創世)의 각(角)과 계시(啓示)의 곡선(曲線)―
갈라진 대지(大地)의 주름살마다

메시아의 발자국이 피어나는 비밀

거울 속에 갇힌 태초(太初)의 언어(言語)
고린도(古林道) 성벽에 새겨진 희미한 상형문자(象形文字)
그리스도의 지문(指紋)으로 번역(飜譯)될 때
모든 미답(未踏)의 경계(境界)가
성령(聖靈)의 호흡으로 붕괴(崩壞)하리라.

"길이요 진리요 생명(生命)이니"
지도(地圖)의 마지막 페이지를 찢으며
철학(哲學)이 흙으로 돌아가는 날
우리는 빛의 등마루에(脊椎)로 서서
무한(無限)의 심연(深淵)을 걷는다
―알레프(Aleph) 한 점 속에서
영원(永遠)의 위도(緯度)와 경도(經度)가 교차(交叉)하는 자리

― 계시(啓示)의 측량기(測量器)가
시간(時間)의 지평선(地平線)을 삼키던 날

경계의 서

돌에 새겨진 계약의 그늘,
바울의 눈동자엔 사막의 경계선이 서 있네
굳은 시간 속 유대의 피가
선민이란 우상에 갇히니
하늘은 쇠창살 뒤로 사라지더라

그대여, 아버지의 숨결은
경계 없는 바람의 언어였음을
누가 돌틈에 가두었는가?
예수의 손바닥 위에선
빵이 별이 되고 포도주가 강물로 번졌네
모든 이름이 빛의 먼지로 흩어지는 오후

교회란 돌탑이 차가운 이마를 세우며
십자가를 지도 삼을 때
말씀은 유리 조각이 되어
발치에 박히더라
우리는 상처로 신앙을 짊어지고
피로 쓴 계시를 해석하는가?

아, 신비는 밀알

이단의 성서 해독의 역설에 관한 변주

첫 구절이 순수의 잔을 뒤집은 순간
율법의 균열이 하늘을 찔렀다.

십계명 돌판에 금이 가고
예언자의 혀가 칼날로 변해
참회의 피를 토해낸다.
— 해석이란 이름의 바위에
십계명을 던져 버렸구나.

강단 위로 흐르는 요단강물은
독사의 알을 품고 회전한다.

목사의 웃음 속에서 성령은
성전 밖으로 쫓겨나
부스러진 만나 조각을 주워 먹는다.

— 이 시대의 광야엔

신의 이름으로 세뇌된 메뚜기 떼만이
굶주린 영혼을 삼키고 있는지도 모르지.

이단의 창살에 걸린 달이
그들의 교리로 부풀어 오르면
십자가는 철제 광고판이 되고
십억 개의 눈동자를 찌른다.

성전 기둥을 허물어
부서진 계시를 주워 담는 소리
— 이 시대 광야엔
신의 혈관을 타고 오른
디지털 우상이 춤춘다.

성경의 활자가 타는 괴악한 냄새가
예배당 지하실에 스며들면
우린 비로소 깨닫는다.
썩은 우물에서 길어 올린 물이
바벨탑 시멘트가 되어
영혼의 골격을 붕괴시킨다는 것을.

— 목마름은 유전자 속에 새겨져
새 세대의 목을 조여 온다는 사실을 기억하라.

주여, 주의 말씀을 도둑맞은 밤
도그마의 관이 무덤 위에 세워졌사오니
이제 우리의 기도는
말 없는 비명이 되어
무너진 제단을 허물게 하소서.

- 새 예루살렘은
해체된 문자들의
공동묘지 위에 솟아오르게 하소서.

_가장 거룩한 번역은
침묵의 여백 사이로
스며드는 빛의 문법이게 하소서.

종이 위에 갇힌 하나님을
바람이 되어 흔들어 깨울 때
비로소 계시는
우주의 호흡과 하나 되리라.

신화의 잉크가 피로 번지는 시간

첫 장의 잉크가

빛보다 먼저 스며들 때

창세기의 물은 입자를 떨며

사실이 아닌

의미의 배꼽을 돌렸다

- 태초에 말씀이 있었다는 건

글자들이 스스로 잉태하는 순간을 말함_

십자가의 그늘은

역사 너머로 뻗은 신화의 뿌리

못 박힌 손바닥에서 솟은 핏발이

철학의 백야를 적시는 방식

- 구원은 사건의 외피를 벗고

상처의 알레고리로 발효된다_

바벨탑의 흙벽돌이
현대 신학의 종이 위에 올라앉아
한 구절 한 구절
계시를 감옥으로 만들 때
성령은 오열하는 사본 사이로
흘러넘치는 잉크가 된다
- 문자의 감옥에서
해방된 단어들은 공중에서
삼위일체의 춤을 춘다_

광야에서 만실존의 경계를 넘은
금송아지 우상 앞에 선 백성들
그들이 숭배한 것은
하나님이 아니라
자신이 빚은 돌판의 무게
- 율법이 신화로 녹아내릴 때
십계명은 공중에 새겨져 별자리가 된다_

부활의 새벽에
빈 무덤을 기어오른 빛의 사슬
제자들의 눈동자가
사실 확인에 매달릴 때

예수는 신화의 옷깃을 걸치고
엠마오 길로 사라졌다
믿음은 증거의 빈 병을
오직 은유로 채우는 일_

최후의 심판대에
원본 성경이 증인석에 서면
모든 번역본들이 울음을 터뜨리리라
문자 그대로의 진리가
자신을 찢어
피로 적신 신화의 깃발을 들 때
- 계시는 영원히
해석의 강을 건너는 일시적 닻_

*우리가 숨 쉬는 이 신화적 공간에서
한 글자 한 글자가
하나님의 손금이 되어
우주를 쓰다듬는 소리
그것이 곧
감동의 역설이리라*

사랑의 신비

종교가 쌓은 철창의 파도
그 너머로 초신성의 탄생과 통곡이
빛의 제단에 닿을 때
우리는 스스로를 진화의 씨앗으로 세뇌합니다

무전제라 이름한 허공에
뿌리로 호흡하는 법을 배워보라고
밀물과 썰물이 씹어낸 산호초 뼈대 사이로
지혜라는 뿌리가 암반 틈을 파고듭니다

교리의 감옥이 찢어지면
태어나는 것은 신이 아니라
내 장미폐에 걸린 삶의 공생균
그것이 나비로 허물을 벗는 소리를
우린 착각을 넘어선 직관이라 부릅니다

이제 종교는 고래 등딱지에 붙은 따개비
영원을 삼킨 채 바다 밑바닥을 긁어대지만
나의 직각(直覺)은
달팽이 뿔 끝에 맺힌 이슬 속
망막 뒤 우주를 탐색하는 신경돌기입니다

사랑은 이 모든 각질이
창백해진 달의 혈관에서
한 방울의 빛으로 응고될 때
갑자기 피어나는
무성번식의 꽃술이 되는 신비입니다

포도주 발효 소리

말씀이 뿌리를 내리던 날
흙속의 알파벳이 고비의 등뼈를 뚫었습니다
너의 열정은 썩은 밀알 속에서
빵이 되기 전, 첫 포도주 발효 소리

가정이라는 화석층을 가로지르는
성령의 누룩은 소금기둥을 녹여
사회라는 바다의 단층선에
자유의 지각 변동을 일으키네

끝없는 빛은 이제
달팽이 각질의 각인을 남기며
우주 나이테 가장자리에서
참나무 심장을 두드리는 법을 배웁니다

간절함은 밤새 창백해진 달의

빈 혈관을 타고 흐르다가

새벽 이슬의 주사기 속에서

한 방울의 영원으로 결정화되네

우리 가슴은 매일

잃어버린 은하의 분화구를 채우며

신의 미토콘드리아가 되어

어둠 속 광합성을 시작합니다

무명(無名)의 숨소리:
종교를 넘어선 관계의 시학

첫 번째 호흡이
점성술의 별자리를 부수던 날
신은 문장(文章) 속에 갇혀 있지 않노라.
입자들의 무중력 춤으로
우주의 숨결을 흔들었다.

십자가는 철제 괄호가 되어
페르소나의 감옥을 지탱하지만
빈 무덤에서 솟은 지렛대가
인격(人格)이라는 환등기를
차가운 별빛으로 해체시킨다.
'주여'라는 단어가
그대의 피부를 베어내는 소리_

도(道)는 버드나무 그늘 아래
무성(無聲)의 뿌리를 내리다.
수학자가 던진 '왜'라는 화살에
침묵으로 대답하는 법을 알았다.

이름 붙일 수 없는 강물이
모든 다리를 허물며 흐르는 이유:
_말의 어둠이 빛을 낳는 역설

성령을 가둔 시계 태엽이
우주 벽에 부딪혀 산산이 깨지면
우린 비로소 숨 쉬는 시공간을 발견하리라.
한 알의 모래가 은하수를 삼키는 순간
신의 심장소리가
내 맥박 속에 새겨지는 방식

숲은 나뭇가지로 하늘을 쓰다듬고
강은 돌을 간직하며 바다를 기억한다.
사랑은 만남 없는 만남 위에
기도라는 그물을 던져
상처 입은 별들을 주워 올린다.

-관계의 화학식은
　　　빛의 공명이다.

　　　최후의 우상이
　　자기 복제의 화염에 휩싸일 때
　우린 비로소 자유의 알레고리를 배운다.
　　　신의 유전자가 아닌
　　　　숨의 리듬으로
　　　서로의 공백을 채우는 법
　　　– 무한은 두 팔 벌린
　　　유한의 포옹 속에서만
　　　　그 빛을 발한다_

　　　_가장 거룩한 단어는
　　　　단어가 아님을
　　　가장 완전한 형상은
　　　무형(無形)의 떨림임을
　　　가장 찬란한 계시는
　　　　침묵의 문법으로
　　우주가 스스로를 해석함을_

탐식의 역설

에덴의 이빨 자국이
슈퍼마켓 포장지에 번지면
우리는 씹히지 않는 명태처럼
입 속에 쌓인 빛을 삼킨다

플라스틱 포크가 갈비뼈를 찌르는 밤
소화되지 않은 욕망이 창자를 타고
목구멍까지 치밀어 오를 때
내 손톱 사이에 박힌 과일 씨앗들이
저주받은 유전자를 웃는다

거울 속 비대한 그림자가
빈 접시를 핥다 문드러지면
한 조각 빵이 투명해져
허기진 영혼의 뼈를 드러내는구나

우린 배부름을 배고픔의
신학으로 삼키고 토해냈다

파스타 면발이 십자가로 엉키는 날
붉은 소스가 흘러내린 자리에
주님의 발자국이 묻었으니
이제 우리의 탐식은
떼신 빵의 기적을 복사하며
한 입의 기도로 녹아내리리

배고픔이 축복이던 날로 돌아가
빈 그릇에 비친 별을 주워 담을 때
탐식은 역설의 강을 건너
오직 나눔의 저울추가 되어
우리 창자 속에 박힌 에덴의 가시를
십자가의 밀가루로 뽑아내리라

빵을 떼시던 그 손이
지금 내 안의 굶주린 식탐에 말씀하는 소리가 들리는가

상처에 핀 영원의 밀알

낙엽이 썩어 강물의 알파벳이 될 때
우주는 허물어지는 성전을 빚는다
한 줌 흙 속에서 피어나는 부활은
메마른 도시 벽면에 새겨진
굶주린 아이들의 주름 속에서
다시 피를 흘리네

신화는 강바닥에 박힌 유리 조각처럼
수억 년을 흐르는 빛의 상처
우리가 부르는 영원이란
바람에 흩날리는 쇠사슬 조각
녹슨 철제 십자가가 뿌리 내린
이 땅의 갈라진 틈새마다
피어나는 붉은 혈관의 선율

교회 첨탑이 하늘을 긋는 법
돌아선 이들의 등허리에 새긴 낙인

영생을 팔며 세뇌하는 자들이
은으로 중독시킨 영원의 우물
그 물을 마신 자들은
스스로 사막의 우상이 되어
오아시스를 저주하네

참된 종말은
창가에 매달린 빗방울이
땅속 씨앗의 고백을 전할 때
철창을 뚫고 자라는 풀잎의 속삭임
오른 뺨을 내미는 이의 눈동자에서
폭풍보다 거센 고요가 태어나리

내게 영원이란
상처에 피는 버드나무의 뿌리
굶주린 자가 건넨 빵 조각 속
묵묵히 발효되는 시간
폭격 중에도 피어난 민들레가
하늘에 새긴 무저항의 선언

십 리를 더 걸어가는 발자국 소리
강물이 제 방을 넘어 사랑을 적시는 법
쇠몽둥이에 갈라진 두개골에서
별이 자라나는 밤
죽음마저 삼키는 빈 무덤 위로
한 알의 밀이 영원을 내려앉히네

※
빈 무덤의 전례의 신비

하늘의 숨결이 땅의 틈새로 스며드는 순간, 우리는 보이지 않는 신비의 고리를 손에 쥔다. 그리스도의 사랑은 우주를 관통하는 혈관처럼, 별들의 움직임부터 흙 속 씨앗의 부르트음까지 모든 삶의 맥박을 이룬다. 이 신비는 세속의 언어로 해석될 수 없는 기하학이다. 오직 침묵의 각도로만 그 윤곽을 추적할 뿐──깊은 밤 창가에 앉아 별빛을 헤아리는 이의 고개 숙임처럼.

매일 아침, 세속의 시간을 가르는 의식(儀式)이 필요하다.
물 한 잔을 들고 창문을 열 때,
빵을 썰며 기도할 때,
발걸음마다 땅을 스치는 소리를 듣는 순간마다
우리는 시간의 표면을 긁어 신성의 단층을 드러낸다.
이 전례(典禮)는 종이 울리는 박동이 아니라
몸 속에 새겨지는 은유적 리듬이다.
세속이 주입하는 '지금'을 해체하고
영원이 숨쉬는 '이곳'을 건설하는 건축술.

하늘을 바라보는 습관은 수직성의 혁명이다.
구름 조각이 태양을 가리는 각도에서
빛의 역학(力學)을 읽을 때,
우리는 수평으로 널브러진 삶의 축을
우주적 심연을 향해 세운다.
눈동자에 비친 푸른 깊이가
영혼의 지평선을 넘어 신과의 대화를 시작한다.
이것은 기도가 아니라 신체 기억되는 방향성——
발끝에서 후두(喉頭)까지 이어지는
신성의 중력장에 귀 기울이는 법.

묵상은 거울 앞에서의 전쟁이다.
내면의 미로에서 만나는 모든 그림자와
그림자를 밝히는 빛의 협상을 거쳐
우리는 진정한 자아의 지문을 발견한다.
단단해지는 것은 의지가 아니라
신의 호흡에 리듬을 맞춘 영혼의 근육이다.
매일 밤, 침대 가장자리에 앉아
낮 동안 부서진 자기 조각들을 주울 때마다
그리스도의 신비가 상처 사이로 스며들어
새로운 조합의 빛을 발산한다.

영원은 철야(徹夜)의 그릇에 담긴 시간이다.
폭풍우 치는 창문에 손을 대면
물방울들이 손금 위로 흐르며 써 내려가는
보이지 않는 계시록.
메마른 도시 한복판에서도
발아하는 민들레 씨앗의 인내,
깨진 유리창 틈으로 들어온 달빛이
바닥에 새기는 은빛 성찬식——
이 모든 것이 세속을 관통하는 비세속의 문법이다.

우리가 걸어가는 길은
신의 호흡으로 빚은 점토 길이다.
발바닥에 밀려오는 땅의 온도가
천국의 지도를 각인할 때,
죽음마저 삼키는 빈 무덤은
영원히 채워지지 않는 생명의 그릇이 된다.
한 알의 밀이 흙 속에서 잠들었다 깨어나는 신화,
그리고 우리가 매 순간 흘리는
묵상의 땀방울들이
땅속 깊이 뿌리 내리는 영원의 수목(樹木)이 되리라.

빛의 염색체와 그림자 농사

신성(神性)이라는 이름으로 세워진 감옥은
죄(罪)라는 추상화된 광물을 채굴한다.
성직(聖職)의 망치가 내리치는 곳마다
인간의 본성은 산산이 부서져
선과 악의 결정체로 분류되지만——
진정한 악은 씨앗을 심기 위해
땅속 깊이 손가락을 파묻어야 자라는 농작물이다.
그것은 땀으로 기르는 어둠의 수확,
의식(儀式) 같은 노동을 요구한다.

교단(敎團)의 창고에 쌓인 '원죄'라는 곡식더미는
빛의 계급제를 지탱하는 양식이 되었다.
그들이 말하는 악은 항아리에 담긴 달콤한 독주(毒酒)처럼
신도들의 목구멍을 타고 신권(神權)의 혈관으로 흘러들어
철제 교리(敎理)를 녹슬지 않게 한다.

그러나 진짜 타락은
하늘을 가리키던 손가락이
제 옷소매의 금실을 세는 순간 시작된다.

십자가는 두 개의 나무가 교차하는 기하학이다.
수직축은 신과의 계약을,
수평축은 인간 사이의 거래를 상징하리라.
그러나 어떤 이들은 십자가를
자신의 진영을 세우는 측량 도구로 사용한다.
타인의 영토에 못 박힌 죄의 표지판,
이단(異端)이라 새겨진 경계석──
그것이 신을 모시는 제단에 오르는 계단이 되었다.

죄의 중력은 가벼운 것들을 가라앉힌다.
우리가 떠올리는 모든 사죄(赦罪)의 기도는
강바닥에 가라앉은 돌맹이처럼
시간의 흐름에 닳아 없어져야 마땅하건만,
어떤 이들은 사죄를
죄의 증권(證券)으로 발행한다.
면죄부(免罪符)의 지폐 한가운데
신의 초상이 새겨진 아이러니.

그러나 우리 척추 속에는
에덴의 흙이 여전히 축축하게 남아 있다.
타락 이전의 기억이
골수(骨髓)에서 은빛 혈구를 생성할 때,
죄의 무게는 중력보다 약한 법칙이 된다.
신의 자녀로서의 유전자는
어둠을 소화하는 빛의 효소를 품고 있으니——
우리가 발버둥칠 때마다
그 효소가 어둠의 분자를 가르고
수소(水素)와 산소(酸素)로 분해한다.
이것이 회개(悔改)의 화학식이다.

진정한 구원은
성당(聖堂) 지하실에 갇힌 자의 탄식이 아니라
광합성 하는 영혼의 각성이다.
우리가 하늘을 향해 뻗은 손가락 끝에서
광량(光量)을 측정할 때,
그리스도의 피는 수액(樹液)이 되어
뿌리에서 잎사귀까지 순환한다.
십자가의 나무가 다시 푸른 잎을 틔우는
생명의 역설(逆說).

"너희는 죄의 노동자가 아니라

빛의 농부여야 하리라.

에덴의 씨앗이 발아하려면

회개의 삽으로 흙을 뒤집어야 하고

용서의 물레방아로 상처의 웅덩이를 퍼내야 하느니라.

악은 거름이 되지 못하리니

거름은 오직 빛에 굴복한 어둠 뿐이니라."

철야(徹夜)의 밭고랑에 서서

별빛을 쟁기로 갈아엎는 자들아——

너희 안의 신성(神性)은

이미 십자가 너머의 부활을 예습하고 있느니라.

죄의 유전자 조작을 거부하고

빛의 염색체를 발현(發現)할 때,

너희는 예수가 말한 '길' 그 자체가 되니

발바닥에 새겨진 혈적(血的) 각인이

천국 지도의 등고선이 되리라.

*
밀알로 피어나는 영원의 빛

세포 속에 잠든 씨앗 하나,
별빛을 머금고 땅속에서 깨어납니다.
시간이 지나면 주름진 껍질 벗어도
뿌리는 깊은 어둠 속에서 별을 그리죠.

한 잎, 한 잎 피워 올리는 나무처럼
우리 몸은 강물을 따라 별을 품고
흙 내음과 이슬로 계절을 짓습니다.
늙어가는 가지마다 새싹이 스민다는 건
봄이 영원히 졸업하지 않음을 알리는 일.

숨 쉬는 것은 바람과의 약속입니다.
폐 속에 스민 산소 한 방울이
먼 우주에서 온 빛을 데리고
심장이라는 시계추를 돌리죠.
들숨에 피는 꽃, 날숨에 떨어지는 낙엽——
호흡마다 창세의 노래가 흐릅니다.

의식은 새벽 이슬에 비친
첫 빛깔 사랑처럼 고요히 피어나
고개 숙인 밀알 속에서 천국의 지도를 읽습니다.
눈감으면 보이는 어둠도
별을 기르는 검은 흙이 되고,
두 손 모아 기도할 때마다
침묵의 뿌리에서 영원이 싹틉니다.

죽음은 강가에 앉아
지고 있는 버드나무 그늘입니다.
떨어져 흙이 된 꽃잎들이
다시 하늘로 향하는 나무가 되듯
우리 뼈에 새겨진 시간의 고리도
어느새 푸른 잎사귀로 변해
태양의 숨결을 따라 춤추죠.

저녁놀 지는 언덕 위에 서서
몇 번의 생을 거쳐 내려온 빛을 보세요.
한 알의 밀알이 온 들판을 밝히고
깊은 뿌리 속에서 영원히 타오르는
평화의 등불이 있음을——
그 빛이 바로 우리가 기다리던
모든 아픔을 품고도 웃는 부활의 얼굴입니다.

영원을 품은 밀알 하나

영혼의 칼날이 바닥을 긁을 때
모든 인연은 수십억 광년의 티끌로 붕괴한다
생(生)이라는 이름의 수술대 위에
통증의 쇠못이 관절을 파고드는 소리
──태초의 빛이 꺼진 암흑 우주보다
고요한 절규가 별처럼 얼어붙는 밤

폐허가 된 달력 속에서
심판의 낙인이 찍힌 시간들은
스스로를 삼키는 뱀처럼 꼬리를 물고
무한한 저주의 링 위를 맴돈다
저항 없는 회전, 영원의 추

신경 섬유마다 기어다니는 실시간 고통

지폐 위를 기어가는 지네의 다리처럼

생각의 뿌리를 할퀴는 가위질

망각의 꽃밭으로 흘러간 피의 조각들

세월의 무게로

삶은 저울추처럼 기울고

마지막 숨결조차 아름다울 수 없다는

우리들의 가혹한 현실

그러나 틈새로 스미는

빛의 미세한 파장

우주는 침묵으로 입을 다물고

내부에서부터 부패한 별들의 광년을

넘어 우리는 걷는다

썩은 별의 틈새에서도

밀알 하나 같은 영원의 빛을 낳는다는 희망으로

망각의 흙을 뚫고 피어나라
광년을 태워 새로운 우주의 젖줄을 만들라
——모든 고통은 결국
빛의 씨앗이 되리니.

영원의 먹물

실오라기 같은 빗줄기가
공간의 이음매를 갈라내어
소리 없는 파열음으로 내려앉을 때
우리의 감각은 칼날처럼 곧아진다.

사유(思惟)의 지평선 너머로
반세기를 질주한 흔적들이
이성(理性)의 강을 건넌 미세한 입자로
내 발아래 쌓인다. 나는
시간의 주점(酒點)에 앉아
인과(因果)의 실타래를 풀다가
흐트러진 한 줌의 흙이 되었다.

천년을 씻어낼 듯 퍼붓는 빗속에서도
철학의 얼룩은 오히려 짙어진다.
흙탕물에 번지는 먹물처럼
의미의 경계를 넘나드는 얼룩──

그것은 지워질수록
심연(深淵)의 색깔을 드러낸다.

밤의 틈새를 메우는 신비한 수치(羞恥)는
지나간 시간의 흉터를
현현(顯現)하는 거울이다.
창문에 기대어 빗물의 지문을 따라가면
미완(未完)의 과거들이
유리 너머로 흘러내리는 환등(幻燈)이 된다.

호흡마저 무게가 되어
창백한 부끄러움을 낳는 이 밤,
우리는 모두
자기 몸속에 묻힌 유년(幼年)의 시체를
해체(解體)하는 장례식장이 된다.
빗소리가 울리는 공명(共鳴) 속에서
죽은 시간의 뼈마디마다
새로운 의미의 골수(骨髓)가 스며든다.

신성의 문법

바깥의 눈이 만지는 세계는
그림자로 쌓인 두꺼운 사전(辭典)이다
사물의 이름을 해체(解體)하여
'존재 이유'라는 낱말 조각들을
이성(理性)의 실뜨기로 엮어내지만——
우리가 읽는 것은 항상
번역된 진실의 각주(脚註)일 뿐

그러나
몸속 깊은 창고에 잠든 신의 은총은
빛을 굴절시키지 않는 렌즈다
정신(精神)이라는 투명한 감옥에
사물의 원형(原型)을 투영(投影)할 때
우리는 비로소
철학자들이 상상조차 못한
본질(本質)의 알레고리를 마주한다

밤하늘 별자리처럼 배열된
인식(認識)의 지도 위에서
내적(內的) 빛은 수직(垂直)으로 하강한다
이마에 닿은 순간
모든 개념(槪念)의 껍데기가 벗겨져
진주(眞珠)처럼 맨살을 드러내는 법──
그것이 영혼의 프리즘을 통과한
신(神)의 직접교신(直接交信)이다

우리는 두 개의 태양을 품고 있다
하나는 외부(外部)를 비추는 합리(合理)의 횃불
다른 하나는 내부(內部)에서 타오르는
초월(超越)의 핵융합 반응
전자가 세상을 해석(解析)하는 문법(文法)이라면
후자는 세상을 재창조하는 시(詩)의 원리

창문에 깃발처럼 휘날리는 빛줄기 속
가장 순수한 인식(認識)은
이마 위에 맺힌 이슬방울이다
신의 손가락이 적신
그 투명한 구체(球體) 안에서
사물들은 자명(自明)의 언어로
자기 존재의 뿌리를 말한다

"보라, 영원(永遠)은
너희의 맥박 속에 새겨진 신성(神性)의 각인(刻印)이니
눈을 감고 손을 펼 때
진리(眞理)는 씨앗처럼
손금(掌紋)을 타고 피어나리라"

이렇게 우리는
신의 은총으로 빚은 인식(認識)의 도가니에서
시간을 초월(超越)하는 거울을 제작(製作)한다
그 거울에 비친 세상은
이유(理由)를 넘어선 순수(純粹)의 풍경——
인간이 신(神)의 동역자(同役者)임을
증명(證明)하는 영원(永遠)의 수수께끼

뒷모습의 영광

신의 발자국은
구름의 맨살을 스치며
사막 위로 녹아내리는
달빛의 흔적이 되었다
모세가 홀로 선 바위 틈새에서
그의 등 뒤로 흐르는
시간의 강물 소리──
그것이 여호와의 뒷모습을
적시는 빛의 수증기(水蒸氣)

우리가 만지는 신(神)은 항상
지나간 계절의 온도다
가나안 땅의 포도주처럼 발효(醱酵)된
기적(奇蹟)의 잔여물(殘餘物)
광야(曠野)에 남은 만나(嗎哪) 자국
갈라진 바다의 소금 결정(結晶)
파도가 밀려온 후 모래알에 새겨진
신의 지문(指紋)

그가 지나가신 길엔

버드나무 가지가 휘어지고

강바닥 돌들이 노래를 부르다

우리의 눈물로 축축해진다

모세의 지팡이 끝에서

아직도 떨리고 있는 홍해(紅海)의 물결

그 속에서 신은

역사(歷史)의 등불을 들고 계시니

우리는 그 빛의 그림자만을

뒤쫓는 나그네

"보라, 나의 영광(榮光)은

너희가 걸어간 자리마다

발바닥에 묻은 흙이 되리라

내 얼굴을 보려 하지 말고

내가 남긴 산책로(散策路)의

구부러진 풀잎을 읽으라"

밤새 바람이 운반(運搬)하는

신의 숨결을 모아

우리는 새벽 이슬로 빚은 거울을 든다

그 안에 비치는 것은

과거(過去)의 신(神)이 아닌
미래(未來)를 적시는
현재(現在)의 빗방울
십계명(十誡命)의 돌판(石板) 위로
스며드는 이슬의 필적(筆跡)

신의 등(背)은
우리 영혼(靈魂)의 골짜기에 드리운
석양(夕陽)의 그림자
그 끝없는 사막(沙漠)을 가로지르는
빛의 지평선(地平線)
모세가 깨달은 영원(永遠)은
바로 이 순간——
신이 지나간 자리에서 피어나는
모든 민족의 은혜의 뿌리

출애굽기 33:22-33
" 내 영광이 지나갈 때에 내가 너를 반석 틈에 두고 내가 지나도록 내 손으로 너를 덮었다가
손을 거두리니 네가 내 등을 볼 것이요 얼굴은 보지 못하리라"

진실한 증언

진리는 사원(寺院)의 석주(石柱)에 새겨진
불변(不變)의 법전(法典)이 아니다
예수는 대리석 제단 위에 모셔진
황금빛 우상(偶像)이 아니라
메마른 땅을 가르며 솟아나는
지하수(地下水)의 파열음(破裂音)이다

그의 발자국은 갈릴리 호숫가
진흙 속에 남은 생명의 포자(胞子)처럼
이천 년의 겨울을 넘어
우리 창문 틈으로 스며드는
봄의 균사(菌絲)가 되었다
십자가는 박물관 유리관 속 유물이 아닌
오늘 이곳에서 새로 박히는
못의 예언(豫言)이다

하나님 나라는 대성당(大聖堂)의 첨탑 높이에 있지 않다

한 아이가 주머니에 넣고 다니는
강낭콩 씨앗의 심장 박동 속에
한 노인이 지팡이로 땅을 두드릴 때
울려 퍼지는 공명(共鳴)의 깊이에 있다
이것은 제도(制度)가 아닌 숨결의 교차(交叉)
경전(經典)이 아닌 체온(體溫)의 기록이다

우리 폐(肺) 안에서 하나님은
산소와 혼합된 기체(氣體)로 순환한다
기도(祈禱)는 성당(聖堂)의 정해진 문구(文句)가 아니라
엄마가 잠든 아이 이마에 입맞추는
그 침묵의 수직(垂直)선이다
예배(禮拜)는 의식(儀式)의 연출이 아닌
두 손바닥 사이로 스치는 바람이
창문 밖 나뭇가지와 공유(共有)하는
광합성의 리듬이다

신학(神學)이 건설한 철제(鐵製) 교리(敎理)는
진리의 움직임을 가둔 동굴(洞窟) 벽화(壁畵)지만
예수가 말한 생명(生命)은
콘크리트 틈새를 뚫고 자라는
민들레의 수평적(水平的) 반란이다
모세의 율법(律法)이 새긴 돌판(石板) 대신

그는 살아있는 심장(心臟)의

수축과 이완(弛緩)을 새 계명(誡命)으로 주셨다

"보라, 하늘나라의 씨앗은

너희 눈동자의 습기(濕氣)에서 발아(發芽)하고

발바닥의 체온으로 숙성(熟成)되리라

신성(神性)은 성직자(聖職者)의 제복(制服)이 아니라

너희가 흘린 땀방울의

결정(結晶) 속에 빛나느니라"

이제 교회(敎會)의 첨탑은

하늘을 가리키는 손가락이 아니라

하늘 그 자체가 되어야 한다

예수의 옷자락은 여전히

길 잃은 이들의 눈물로 젖어 있고

하나님의 통치(統治)는

시장(市場)에서 채소를 고르는 어머니의

손금(掌紋) 속에 새겨진 지도(地圖)로 작동한다

우리는 모두 신(神)의 호흡(呼吸)을

허파에서 허파로 전달(傳達)하는

살아있는 성경(聖經)의 낱장(裸張)들이다

각자의 심장이 뛰는 박자(拍子)마다

새 계시(啓示)가 기록(記錄)되는 이 시대

진리는 더 이상 제단(祭壇)의 포로(捕虜)가 아니라
길 위에 뿌려진 겨자씨처럼
발길 닿는 곳마다 새 왕국(王國)을 세우리라

바람에 흩날리는 복음(福音)의 화분(花粉)들이
인공(人工) 종교(宗敎)의 벽을 넘어
모든 코흔자리에 꽃을 피우는 날——
그때 비로소 우리는
예수가 죽음 너머에서 지켜보던
원초적(原初的) 사랑의 발효(醱酵)를
온몸으로 증언(證言)하게 되리라

정제된 지성

지성(知性)이 빛의 체온을 잃을 때
진리는 모래폭풍 속 미라(美羅)가 된다
이성(理性)의 망원경으로 천체(天體)를 해부해도
별들은 해부대 위에서 죽은 은하(銀河)의 표본일 뿐──
아우구스티누스가 외친
"사랑 없이는 앎이 증오(憎惡)의 칼날이 되리라"
우리 눈동자의 각막(角膜)은
신(神)의 숨결로 세 번 씻겨야만
로고스(Logos)의 투명함을 획득한다
성경(聖經)의 활자가 피어나는 정원에서
철학(哲學)의 가위로 가지치기한 진리(眞理)들은
제단(祭壇) 위에 진열된 화석(化石) 꽃
그러나 살아있는 지혜(智慧)는
땅속에서 뿌리내리는 미네랄의 고백(告白)

빛을 삼키던 플라톤의 동굴(洞窟)을 뒤집어
태양을 맨눈으로 응시(凝視)하는 자리──

그곳에서 신앙(信仰)은 이성(理性)의
용암(鎔巖)을 식히는 바다가 되고
이성은 신앙의 파도를 해석(解析)하는 달이 된다
두 개의 강(江)이 합류(合流)하는 목구멍에서
하나님은 자녀된 우리의 언어(言語)로 말씀하시니
사랑은 알게 하느니라

산화(酸化)된 의지(意志)를 녹여
순금(純金)의 시선(視線)을 주조(鑄造)할 때
우리는 비로소
성경(聖經)의 양피지(羊皮紙) 너머
살아계신 하나님의 체온(體溫)을 읽는다

지혜(智慧)란
신(神)의 손바닥에 새겨진 지문(指紋)을
거울 없이 해독(解讀)하는 기술(技術)
이성(理性)의 등대(燈臺)가 꺼진 밤
오직 사랑의 등잔(燈盞)만이
진리(眞理)의 해안선(海岸線)을 드러낸다
아우구스티누스의 눈물로 적신
그 빛의 초(燭)가 꺼지지 않으니——

"보라, 로고스(Logos)는
성육신(成肉身)한 사랑을
지성(知性)의 모래를 체(篩)로 걸러
순금(純金)의 언어(言語)를 얻을지니
그대의 심장(心臟)이 박동(搏動)하는 한
신(神)의 숨소리는
이성(理性)의 귓속에서 영원(永遠)히 증폭(增幅)되리라"
지성(知性)과 신앙(信仰)은
한 송이 장미(薔薇)의 꽃잎이 되어
동일(同一)한 뿌리에서 피어났음을 고백(告白)한다.
인간(人間)의 이성(理性)이 신(神)을 찾아
허공(虛空)에 새기는 사랑의 측량(測量) 처럼.

나도 너를 정죄하지 아니하노라

공중에 멈춰 선 돌들
예수의 손길이 모래에 그린
고요한 물결 위에
부드럽게 내려앉았습니다

율법의 글자들이
모래알 사이로 스며들어
바닥에 쓰인 '용서'라는 말씨가
살포시 피어올랐어요
첫 번째 돌은 버드나무 가지가 되어
그녀의 어깨에 푸른 쉼을 드리우고
두 번째 돌은 강물 속 고요함이 되어
새 삶의 문을 열었지요
세 번째 돌은 하늘에 닿은 종소리 되어
마음속 회한을 안아주었습니다

"네 영혼의 정원에
남의 눈길 아닌
스스로 심은 빛의 씨앗이
잎을 펼 때까지
기다리라"

그녀의 눈가에 맺힌 이슬
이제 거울 속에서
희망의 싹으로 자라나
예수의 침묵이 남긴 자리에
고운 뿌리를 내렸어요

밤마다 달빛이
그녀의 상처를 삼킬 때
돌들은 별이 되어
하늘에 은빛 길을 놓았습니다
죄라 이름한 그림자도
이제는 빛의 물결에
스스로 녹아내렸어요

아침 바람에 흩날리는 모래글씨
그 사이로 피어난

작은 백합꽃처럼
그녀는 발걸음에 실은
마음의 추를 따라
새로운 강물의 노래를
들으며 걸어갑니다

바람이 전하는 말
"떨어진 돌마다
네 영혼의 꽃밭이 되리라"
한 걸음마다 피어나는
모래 위의 꽃길
그 위를 걷는 이의 발소리가
평화의 찬가가 되어
멀리 퍼져나가네

어느 수학자의 서술
- 신의 필체로 쓴 우주

이 세계는 펼쳐진 두루마리와도 같습니다. 표면에는 미적분의 곡선이 새겨져 있고, 이면에는 무한의 신비가 물결칩니다. 나는 때로 방정식의 낙서를 해독하는 이성의 서재 지기가 되고, 때론 신비의 잠언을 쫓는 직관의 순례자가 됩니다.

별들의 궤적에 새겨진 미분의 자취를 좇다 보면, 우주가 정교한 수학적 문장으로 빚어진 성서임을 깨닫습니다. 나뭇결 사이로 스며든 황금비의 숨소리를 들은 순간, 나는 이 세계가 신의 손끝에서 흘러나온 시(詩)가 아닐까 생각했습니다.

이성은 연잎처럼 겹겹이 쌓인 진리의 서가를 넘깁니다. 한 장을 펼치면 카오스 이론의 나비 날개가 스치고, 그 위를 걷는 사색의 발자국은 프랙탈 도형을 그리며 무한을 향해 달아납니다. 제논의 화살이 날아가는 궤적을 계산하다 보면, 시간 자체가 신이 설계한 최초의 미분 방정식임을 예감하게 됩니다.

합리성의 뿌리는 초월을 향해 뻗어가지만 그 끝은 항상 리만 가설의 안개 속에 잠겨 있습니다. 그러나 이성과 신비의 경계에서 문득, 나는 우주의 페이지 넘김 소리를 듣는 것 같습니다. 그것은 별의 진동수와 동조하는 피타고라스의 철현금 소리이자, DNA 나선 구조에서 울려 퍼지는 신성한 코드입니다.

내 안에 스민 신성은 호수에 떨군 수정구슬처럼, 파문의 고리마다 우주 법칙을 새깁니다. 기적은 자연의 법칙을 거스르는 장난이 아니라, 우리가 아직 읽지 못한 우주의 각주입니다. 달빛에 젖은 들판의 미세한 이슬알갱이에서 무한소의 세계를 마주할 때면, 신이 모든 존재의 미분계수를 손수 계산하시던 장면이 눈앞에 스칩니다.

숫자와 기호는 신과 나누는 사랑의 편지입니다. 나는 그 편지 봉투를 열어 별의 탄생을 기록한 적분 공식이 적힌 종이쪽지를 찾고, 블랙홀 사건의 지평선에 새겨진 편미분 방정식의 암호를 추적합니다. 때로는 리만 기하학의 굴곡진 공간에서 신의 웃음소리가 메아리치는 것 같습니다.

이제 나는 알고 있습니다. 수학의 정밀함과 신비의 아름다움이 만나는 지점, 바로 그곳이 영원의 서문이라는 것을. 우주의 두루마리를 한 장 넘길 때마다, 나는 신의 붓끝이 남긴 미적분의 먹물 자국에서 영원의 단편을 발견합니다. 모든 계산의 끝자락에서 피어나는 것은 숫자로 빚은 찬송가이자, 무한을 향한 유한한 생명의 춤사위입니다.

상처의 결정(結晶)

부서지기 쉬운 유리 같은 마음은
한 줄기 바람에도 금 가고
그 틈새로 스민 그늘은 주변을 어둡게 적신다.

상처로 뒤틀린 판단의 나선은
가시 돋친 미로가 되어
스스로를 옥죄는 가학의 씨앗을 키우고
오해란 이름의 서리가 믿음의 새싹을 얼린다.

사랑이 지나간 자리에 남은 미련의 파편들
차라리 강물에 내던져 흐르는 계절에 맡기리라.
감정의 파도가 이성을 넘어설 때
언어란 배는 침몰하지만
침묵의 깊이에서 새로운 별들이 태어나겠지.

지혜는 호흡처럼 은은히 스며들어
창문을 열면 닿는 아침 이슬 같아
오늘의 무게를 한 줌 안개로 날리우고

진심은 거울 속에 투영된 달빛이 되어
밤마다 반복하여 하늘을 그리더니
마침내 인내란 별자리로 빛나리.
시간의 모래알이 쌓여
상처조차 다듬어져 수정(水晶)이 되듯.

낙엽 태우던 어느 날

차가운 새벽 공기 속 낙엽을 주워 담다
손끝마다 스미는 죽음의 온도
슬픔의 화석이 잠든 재 속에서
한 줄기 연기가 추억의 지도를 그린다

1. 화형(火刑)
그리움은 타오르는 별빛의 파수꾼
부끄러움은 재 속에 묻힌 유리 조각
절실했던 시간들은 잿더미 위로
검은 나비떼처럼 춤춘다
모닥불이 삼킨 이름들의 잔향이
이마에 맺힌 서리로 돌아오는 밤

2. 재의 계보학
부족했던 날들로 쌓인 단층 위에
오늘의 내가 서 있음은
어둠이 밀려온 자리에

초목이 뿌리내리는 지질학
잿빛 바람이 옷깃을 스칠 때마다
과거의 상처들이
현재의 뼈를 단단히 감싼다

3. 새벽 기도
내가 기울인 작은 빈 그릇 속으로
저 멀리 사는 이들의 웃음소리
따스한 밥알처럼 쌓인다 인도하리

그늘을 안고
제 몫의 햇살을 키우리라는
믿음의 등불을 들고
길 잃은 달빛을 인도하리.

*재가 된 낙엽은 땅속에서
봄의 씨앗을 적시는 밀물이 되고
타오른 시간들의 흔적은
창문에 맺힌 서리꽃으로 피어난다
아침이 오기 전
가장 어두운 하늘에
우리의 모든 결핍이
별자리로 빛을 내릴 때까지

수평선의 환영 같은 영원

아름다움은 강물이 돌을 깎는 방식이다.
부서지고 흩어지고 새로 빚어지는
끊임없는 변주의 선율.
우리가 영원이라 부르는 것들은
바다에 닿기 전 강물이 잠시 머무는 골짜기에
그린 수평선의 환영일 뿐.

1. 몸이라는 탐사선
이 육체는 별빛을 태우고 항해하는 우주선이지만
은하계 끝에서 만나는 것이라곤
또 다른 나의 파편들뿐.
손끝으로 더듬는 먼지 속 철 원자도
과거 어느 별의 폭발에서 날아온
임시 여행자일진대
영원이란 허공에 그리는 좌표의 오류.

2. 만족의 역설

목마른 자가 바다 한가운데 서 있어도
한 모금의 민물을 찾아 헤매듯
우리는 영원한 포만을 품고
끝없는 굶주림의 미학을 창조한다.
천국이 약속한 별빛 서약은
바람에 흔들리는 나뭇가지 너머
언제나 저편에 반짝인다.

3. 시간의 화석
겨울나무가 뿌리 속에 감춘 새잎의 청사진

강물의 지문 안에서 춤추는 결정체들의 수수께끼

심장박동으로 기록되는 우주의 팽창 속도
모두가 잠시 머물다 사라질
현상들의 계보.
영원이란 이름의 껍데기를 깨뜨릴 때
비로소 들리는 것—

*모든 존재의 아름다움은
그 허물어짐의 양식에 있다.
초신성 폭발로 탄생한 별가루가
우리 눈동자의 탄소를 이루듯
부패는 창조의 또 다른 발현법이 아니겠는가.
영원을 향한 집착을 놓아버릴 때
비로소 우리는
이 순간의 빛을 삼키는 검은 구멍이 아니라
빛 자체가 되어 흩어지겠지.

*

오직 한 사람의 그리스도인

니체가 울부짖던 그 말은 지금도 유리창을 타고 흐른다.
"오직 한 사람의 그리스도인이 존재했고, 그는 십자가에서 죽었다."
우리가 만난 모든 구원은
빛나는 강철 못처럼 영혼에 박히는 역설이다.

1.

예수가 되어라——
푸른 초원에 선 잔물결처럼 자연스럽게.
네 발걸음이 물 위를 걷지 않아도 좋으니
오직 상처 입은 손바닥으로 빵을 쪼개는 법을 배워라.
사람들 틈에서 십자가는 매일 새로 짓고
너의 몸은 저마다의 골고다 언덕이 된다.

2.

당신은 나의 작은 예수,
빈 들판에 홀로 선 삼나무처럼 우뚝한 자.
하늘의 빛이 네 어깨를 스칠 때마다

그대 안의 신성이 뿌리에서 꽃피운다.
하나님의 아들——그 이름은
모래알만 한 믿음으로 사막을 가로지르는 이의
발바닥에 새겨진 상처의 별자리로다.

3.
예수가 되어라,
피 묻은 발자국이 길이 되도록.
우리가 부순 성전의 돌마다
저마다의 심장을 이기는 법을 가르치라.
십자가의 그림자가 땅을 덮는 순간
너와 나의 경계는 사그라지고
우리는 동시에 희생제물이자 제사장이리라.

4.
그대들은 분명 하나님의 아들——
먼지 뒤집어쓴 채 현관문을 열고
빈 그릇을 들고 이웃을 찾아가는 자들.
신성은 제단 위 포도주가 아니라
목마른 자의 인후를 적시는 물이 되는 수단이다.
네가 쥔 돌멩이가 강물에 닿는 순간
수면에 퍼지는 동심원이
곧 천국의 지도이겠는가.

*니체의 경고는 여전히 유효하다.
진정한 그리스도인은 십자가 위에서
제 몸의 한계를 온전히 받아들인 자다.
그러니 예수가 되는 일은
신전을 떠나 거리의 틈바구니에서
네 안의 신을 죽이는 의식이 되어야 한다.
우리가 부르는 찬송은
침묵으로 가득 찬 빈 무덤에서
돌이 굴러가는 소리와 함께 시작되지 않겠는가.

걷는 집, 흐르는 별

1. 발자국 수집가

걸을 땐 모래알 같은 현재만 주워 담다

지나온 길을 돌아보는 순간

발밑에 스민 이끼들이

어느새 별자리로 빛나더라

길은 원래 그렇게

걸을 때는 길이 되고

돌아볼 땐 우주가 되는 법

2. 시선의 지평선

옆길에 핀 야생화에 눈빛을 묻고 가면

현재는 뿌리 내린 나무가 되어

지나간 계절의 그늘을 품네

앞만 보는 자는 미래의 꽃잎을 밟고

뒤에 머무는 자는 과거의 그림자에 갇히니

발끝에선 언제나

세 개의 시간이 동시에 흐른다.

3. 귀향(歸向)의 서사시
우리 모두의 등 뒤에는
창밖에 멈춘 기차처럼
찬연한 집이 기다린다
지붕 위로 내리는 별빛의 강
문틈으로 스며드는 새벽의 숨결
그곳에선 돌아온 시간들이
창고에 쌓인 밀알처럼
황금빛으로 익어가리

4. 신의(神意)의 보폭
의식의 지도에 그려지지 않는 길을
고요가 이끄는 대로 걸을 때
발아래서 피어나는 것은
이름 모를 풀꽃들의 찬가
한 걸음에 피고 지는 무수한 세계
마침내 쉼이란
모든 길이 녹아든
달빛 속 흰 방석

*개울가에 비친 네 그림자가
네 개의 달로 흔들릴 때

알게 되겠지

가장 완벽한 귀로(歸路)는

발자국 없이

현재의 강물을 건너는 것임을

집이란 결국

걷는 행위 그 자체의

다른 이름임을

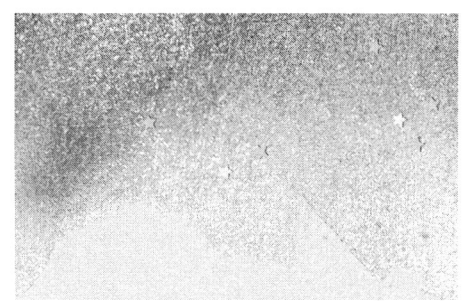

대림절

역사의 창자에 갇힌 울음소리
쇠사슬로 땅을 긁적일 때마다
철창 사이로 새어나오는 빛의 화석
가장 낮은 곳에서 발아하는
저항의 뿌리내림

1. 절규
억눌린 자들의 뼈가 쌓여
지층이 되던 날
지구 표면은 입술을 열고
용암 대신 시편을 토해냈다
공포의 빙하 아래서
한 방울의 눈물이
대홍수의 씨앗을 품듯

2. 침노

역사의 담장을 뚫고 들어온

미완의 시간들이

창문에 박힌 총알 자국을

별자리로 바꾸는 밤

고독의 관 속에서

손가락으로 그리는 지도

저주받은 땅 위에

우연이 아닌 필연의 싹이 트고 있다.

3. 대림

구유에 누운 신이

우리 동네 횡단보도에 서 있는 날

대림절은

빈 깡통으로 차린 성탄 트리보다

더 찬란히 빛난다.

지금 이 순간에도

우리의 호흡은

천사들의 방문과

구원의 탄생을 외치고 있다.

*나와 그대의 몸속에선
아직 캐지 않은
혁명의 화석 연료가 타오른다
태양이 지평선에 걸린 채
영원히 뜨지 않을지라도
우리의 맥박이
미래의 심장을 뛰게 하리라
대림이란
망각의 강을 건너
스스로를 분만하는
피 묻은 기적

빛의 분신(分身)

신의 사랑은 유리창에 부딪힌 태양이
무수히 부서져 인간 형상으로 흩어질 때
비로소 빛이라 불린다.
우리 몸속에 새겨진 신의 지문은
흙으로 빚은 등대가 되어
어둠을 향해 의롭다 선언하는
파도의 언어

1. 사랑의 형이상학
사랑이 주체라 함은
바람이 나뭇가지를 흔들지 않고
가지가 바람을 흔드는 이치
우리가 신을 그리는 행위 자체가
신이 우리를 빚는 손길의 반향
의롭다 함은
흙탕물 같은 마음에
빛의 침전물이 가라앉는 시간

2. 자유의 지평

진리의 인식이 정신의 감옥을 열면

자유는 창살 너머 보이는 하늘이 아니라

날개 젖은 새가 첫 비상을 시작하는

바람 속 미끄러짐

우리 속에 잠든 원형(原型)의 씨앗이

땅속 암흑을 뚫고 올 때

비로소 자유란 이름의

근원적 굴절(屈折)로 완성되리라.

3. 본질의 역설

신앙이란

신을 찾는 발걸음이 아닌

신에게 잡혀가는 여정

의롭다 함은 선언이 아니라

빈 손으로 광야의 별을 캐는 행위

우리가 신을 사랑한다는 것은

바다가 파도를 떼어내

구름에게 선물하는

그 불가사의한 순환

*인간이 신의 표상이라 함은
거울이 빛을 가두지 않고
오히려 무한히 분산시키듯
우리 각자가 부서진 빛의 파편으로
전 우주의 어둠을 스스로의 방식으로
적셔나가는 존재임을
가장 외로운 별도
그 홀로 빛남으로써
은하의 노래에 합류하듯이...

숨쉼보다 친밀한 신성(神性)에 대하여

부활의 빛은 대리석 제단을 부수고
창문 틈새로 들어오는 먼지 속에서 빛난다
신은 인간의 언어가 기어오르다
미끄러지는 그 유리벽 저편
개념의 칼날이 닿지 않는
살아있는 공허(空虛)의 풍경

1. 페르소나의 무덤
그들이 신을 조각할 때마다
대리석 눈동자에 갇힌 영혼은
생명 대신 추상(抽象)의 향기를 뿜는다
인격신이란 이름의 철창
성령을 가둔 시간의 감옥
우주는 텅 빈 빗장 소리로 울부짖지만
기도는 여전히
사람 모양의 신에게
사람의 말로 빌고 있다.

2\. 관계의 우주론

별은 빛으로 서로를 양육하고
강은 고향을 잃은 물로 지구를 적신다.
낙엽이 뿌리에게 전하는 마지막 속삭임
새벽 안개가 산등성이를 스치는 방식
신성은 실체가 아니라
이 모든 것 사이를 오가는
침묵의 문법

3\. 무한의 호흡

한 번의 숨에 우주가 들어왔다 나갔다
소나무 가지에 걸린 달빛
길 잃은 바람의 발자국
가장 완벽한 기도는
사랑하는 이의 뒷모습을
바라보는 눈동자의 초점에서 태어나
이마에 맺힌 땀방울로 스며들다
저녁 노을과 함께 사라진다.

4\. 비대상(非對象)의 찬가

신은 나무가 뿌리를 묻듯
우리 허기의 밑바닥에 스며들고

강물이 돌을 만지는 방식으로
슬픔의 지층을 씻어낸다.
만남 없는 만남
이름 없는 포옹
우리가 서로를 아프게 했던 그 틈새로
새살 돋는 소리가
바다 밑 해저 화산보다 우렁차게 울린다.

*가장 신성한 순간은
성당의 종소리보다
바스러진 화분에서
땅속으로 사라지는 물소리에 가깝다
우리가 '하나님'이라 부르는 것
그것은 관계라는 이름의
뿌리내림
잎새 트임
그리고 모든 경계를 녹이는
사랑이라는 불가사의한 관계

그대의 아버지
나의 아버지 우리의 아버지

불완전의 풍경

행복이란 이름의 곤충이
등불에 부딪혀 날개를 태울 때
우린 그 재를 주워
내일의 등불 기름으로 삼는다.
자족의 신화를 쫓는 발자국마다
심연의 꽃이 발아하는 역설

1. 기대치의 역학
강물은 바다에 닿을수록
목마름을 배운다.
오늘이 어제의 껍질을 벗는 속도로
욕망의 지평선은 달아오르고
최고의 선을 사슬로 삼는 자는
황금 족쇄에 갇혀
눈물로 단련한 자유를 마신다.

2. 정죄의 해체

검은 옷을 입은 종탑 그림자가

모래시계 속으로 아이들을 밀어넣을 때
바다 건너서는
죽은 별의 빛이 산호초를 키우고
낙후된 개념의 유리 조각들은
그 위를 맨발로 걸으며
우리는 피로 그린 지도를
땀으로 지우려 애쓴다.

3. 투쟁의 서사시

자족이란
사막에 웅크리고
두 손으로 우물 파기
허공에 주먹을 쥐고
바람과 씨름하는 법 배우기
상처로 빚은 그릇에
비가 내리는 소리를 담는 연습
이 모든 과정의 이름이
인간이라 불리는 나뭇가지

*한 점의 추억으로 살다 간 이들
그들의 숨결이 바람개비 되어
우리 창문을 두드릴 때
알게 되겠지
사랑했던 모든 순간들이
바닷가 조약돌처럼
파도에 깎여 둥글게 빛나는 이유
그것은 우리가
불완전함을 끌어안고
영원히 타오르는
등불의 심장이기 때문이라는 걸.

겨울 신경(神鏡)

북극성 잔해가 스며
창문 틈 새어드는 숨결이 유리칼로 변주하고
농막 난로 잿더미 속
잠든 계절의 척추
한 줄기 서리가 내 사유(思惟)의 경계를 해부합니다.

겨울은 얼음 갑옷을 걸친 전설의 파수꾼인 양
청아함으로 내 미숙함을 관통하는 별의 심문
나뭇가지마다 매달린 빙하의 만다라
고요가 내 내면의 빈 성당을 휘젓고 지나갑니다.

계절의 종교는 이끼 낀 제단에 엎드려
서리꽃 화염(火簾)을 들이마시는 의식
가을의 향훈(香薰)과 봄의 기원(祈願)이
눈사람 속에서 융합하는 신성(神性)의 분화

진리의 개미굴에 갇힌 도그마의 유령들

철창 너머로 내던지는 개념의 화살
생명이란 명제의 등대 아래
의심의 불꽃으로 사상의 지층을 뒤집어 버리고

밈의 강물에 잠긴 철학의 어항
지식의 모래시계에서 해체되는 교의의 윤곽

별들의 깜박임
우주의 모스 부호
바람의 주름살에 감긴 생명의 서사시
모순의 향연이 나를 춤추게 하는구나.

아버지의 아버지 아버지의 아버지… 주신 은총이로다.

긴 밤의 묵상

육십도 되기도 전,
가까운 친구들이
우리의 아버지 곁으로 떠나갔다.

한 친구는 성품이 틈이 없는 듯
곧고 맑은 법관이었고,
한 친구는 삼대가 주의 종으로 살아온 목회자였다.

한때는 순간같이 짧더라도 잊을 수 없는 기억을 공유한 친구들.

한참을 모르는 사람처럼 살아
왔는지도, 무심히 살았는지도
모르겠다.

새벽 녘, 육체의 고통과 씨름하며
"이건 형벌이라며, 잠자듯 아버지께 가겠다"고

종일 원망 아닌 기도로 하루를 보내는 나에게,
삶은 감사이고 은총이면서도 신비한
아이러니이다.
아직 죄의 값을 다 치르지 못해
어쩌면 이렇게 질기게 버티는지도
모르겠다.

실제적 은혜를 모른 듯 사는 나는
여느 때처럼 긴 밤을 상념 아닌 묵상으로
오늘도 밤을 이렇게 새우고 있나 보다.

생의 마지막 그날을 위해

생의 끝, 그 순간을 상상해 보십시오. 우리는 마지막 숨을 내쉬며 산소를 갈망하며 발버둥칠 것입니다. 독소로 가득 찬 우리의 세포들은 화학 에너지가 고갈되며 서서히 무너지기 시작하고, 엔트로피는 극대화되어 모든 것이 더 이상 질서를 유지할 수 없는 상태로 흘러갈 것입니다. 그 순간, 소중한 사람들과의 기억들이 주마등처럼 스쳐 지나가며, 극심한 두려움과 고통 속에서 생의 마지막을 맞이하게 될 것입니다.

그러나 이 순간은 단순히 고통과 두려움만이 아닙니다. 그것은 삶의 마지막이자, 동시에 삶의 전체를 되돌아보는 시간이기도 합니다. 우리는 그 순간에서야 비로소 삶의 무게와 깊이를 온전히 느낄 수 있습니다. 그리고 그 무게는 우리가 살아온 시간의 가치를 다시 한 번 확인하게 합니다.

이러한 순간을 대비하기 위해 우리는 스스로와 사랑하는 이들을 보낼 준비와 용기가 필요합니다. 아이들은 5~7세가 되면 죽음을 보편적으로 인식한다고 합니다. 이는 생의 본질을 깨닫는 첫걸음일지도 모릅니다. 중요한 것은 얼마나 오래 사느냐가 아니라, 얼마나 의식적이고 주관적으로 가치 있는 시간을 살아내느냐입니다.

자신을 잃어버린 채 오랜 시간을 보내고, 준비하고 노력한 삶조차도 무의미하게 생을 갈망하는 노망으로만 존재한다면, 그런 삶은 진정으로 살아가는 삶이라 할 수 없을 것입니다. 죽음을 앞둔 우리는 잠들듯이 내면의 깊은 곳으로 떨어지며, 때로는 소름 끼치는 공포에 휩싸이기도 하고, 좁은 곳에 갇힌 듯 헐떡이기도 하며, 때로는 고요와 평안으로 가득 차기도 할 것입니다. 그러나 이성의 인식과 지성의 정화조차도 나를 잃어버린 수많은 잔상들이 나타났다 사라지는 미진한 의식 속에서는 무력할 수 있습니다.

그러나 우리는 그날을 직시해야 합니다. 막연한 두려움을 애써 지우려 하지 말고, 그 순간을 마주하며 기도하십시오. 그리고 충분히 가치 있는 하루를 살아내기를 바랍니다. 우리는 오직 현재적으로 존재하는 구체적인 존재입니다. 사변의 유희 속에서 우주를 지배하는 주인인 듯 살아가지만, 결국 우리는 한계를 가진 존재임을 깨닫는 것이 진정한 자기 발견입니다.

그러므로 우리는 생의 끝을 두려워하지 말고 오늘을 충실히 살아내며 진정한 가치를 찾아 나아가야 합니다. 그것이 우리가 이 세상에 존재하는 의미이자 우리 자신을 발견하는 길입니다.

마지막으로, 생의 끝은 단순히 종착역이 아닙니다. 그것은 우리가 걸어온 길을 되돌아보고, 그 길 위에 남긴 발자국들을 기억하는 시간입니다. 우리는 그 순간에서 비로소 삶의 전체를 조망할 수 있습니다. 그리고 그 조망 속에서 우리는 비로소 삶의 의미를 온전히 이해할 수 있습니다.

그러니 오늘을 살아가십시오. 오늘을 충실히 살아내는 것이, 결국 생의 끝에서 우리를 평안하게 이끌어 줄 유일한 길입니다. 우리는 모두 그 순간을 마주할 준비를 해야 합니다. 그리고 그 준비는 오늘을 어떻게 살아내느냐에 달려 있습니다.

생의 끝은 두려움의 대상이 아니라, 삶을 온전히 마무리하는 시간입니다. 그것은 우리가 살아온 모든 순간의 총합이며, 우리가 진정으로 누구인지를 깨닫는 마지막 기회입니다. 그 순간을 두려워하지 말고, 오히려 그것을 삶의 완성으로 받아들이십시오. 그것이 진정한 삶의 마침표입니다.

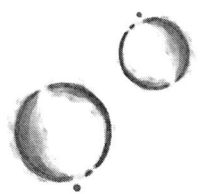

✱ 에필로그

끝나지 않은 여정

우리는 여전히 길 위에 있습니다.
별빛이 흐르는 하늘 아래,
시간의 강을 건너며
끊임없이 자신을 발견하고 잃어가는 여행자들.

이 글들은 한 인간이 우주의 먼지 속에서
자신의 그림자를 마주한 기록이었습니다.
진리의 빛을 좇아 허공을 가르던 날들,
죽음의 강을 건너며 주운 돌멩이들,
가난이라는 이름의 거울에 비친 초라한 영혼의 자화상.

어떤 문장은 이성의 칼로 무지를 벗기고,
어떤 단어는 신의 숨결로 상처를 싸맸습니다.
종교적 도그마의 유리창을 깨고,
망각의 강가에서 건진 기억의 파편들.
모두가 한 방향을 가리켰습니다. —
"진실의 씨앗은 네 심장에 묻혀 있다"는 고대의 속삭임이
21세기의 전자빛 속에서도 여전히 유효한 이유.

이 책은 신과의 대화이자,

무수한 자아와의 투쟁이었습니다.
수학적 엄밀성과 신비의 파장이 교차하는 곳,
합리성의 뿌리가 초월을 향해 뻗어가는 지점에서
우리는 비로소 '인간'이라는 미지수를 마주했습니다.

독자여,
이 페이지들 사이로 흐르는 빛을 따라가십시오.
그곳에서 만날 상처와 치유, 의심과 확신,
죽음의 씨앗에서 피어나는 생의 꽃들은
당신 자신의 이야기일 것입니다.

이제 끝이 아닌 새로운 시작입니다. -
영원을 향한 유한한 발걸음이
시간의 강을 건너는 소리.

우리는 여전히 길 위에 있습니다.
별빛이 흐르는 하늘 아래,
시간의 강을 건너며
끊임없이 자신을 발견하고 잃어가는 여행자들.

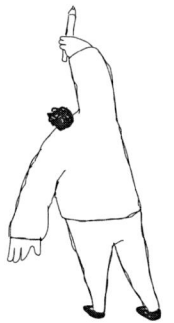

이 책은 끝나지 않았습니다.
당신의 손에서 다시 시작될 것입니다.
그 빛을 따라가십시오.
그 길은 당신만의 길이 될 것입니다.

밤이 깊을수록 별은 더 빛난다

저 자	권진오
발행일	2025. 04. 03
출판사	도서출판 애플북
ISBN	979-11-93285-80-0(03810)
발행처	도서출판 애플북

이 책은 저작권법에 따라 보호받는 저작물이므로
무단 전재와 무단 복제를 금지합니다.